Gartenkunst

GRÜNE OBSESSIONEN

Kunst im Garten

Gartenkunst

GRÜNE OBSESSIONEN

Kunst im Garten

GORDON TAYLOR UND GUY COOPER

Curtice Taylor (Photography Consultant)

Aus dem Englischen übertragen von Wiebke Krabbe

BUSSE SEEWALD

Englische Originalausgabe:
Gardens of Obsession
Weidenfeld & Nicolson, London, 1999

ISBN 0 297 82324 4

Die Deutsche Bibliothek – CIP-Einheitsaufnahme

Gartenkunst – Kunst im Garten : grüne Obsessionen /
Gordon Taylor und Guy Cooper. Curtice Taylor (photogr. consultant).
Aus dem Engl. übertr. von Wiebke Krabbe. – Dt. Ausg. –
Herford : Busse Seewald, 2000
Einheitssacht.: Gardens of Obsession <dt.>

ISBN 3-512-03212-5

Deutsche Ausgabe:

Übersetzung: Wiebke Krabbe, Damlos
Redaktion: Marianne Menzel, Michelstadt
Herstellung: Richard Brüll, Vlotho
Satz: BusseDruck, Herford
gedruckt und gebunden in Italien, Printer Trento S.r.l.

ISBN 3-512-03212-5

Für Topher Delaney

INHALT

LINKS: *Ein kunstvoller Formschnittgarten in Columbus, Ohio, inspiriert von Georges Seurats Gemälde »Sonntag auf der Insel Grande Jatte«.*

Einleitung

Ihre Obsession ergriff immer mehr von ihr Besitz. »Ich nehme an, genau das tat ich in Florida. Ich entdeckte, wie die Menschen Ordnung, Zufriedenheit und einen Sinn im Universum fanden, indem sie ihren Blick auf ein einziges Ding, einen Glauben oder Wunsch fixierten.«

Susan Orlean, The Orchid Thief, Random House, New York, 1999.

Was ist eine Obsession? Herders Lexikon der Psychologie erklärt es mit Hinweis auf Zwang: »…ein innerer oder durch ungewöhnliche äußere Umstände provozierter Bedürfniszustand eines Individuums, den dieses glaubt, nicht länger aufschieben oder ertragen zu können.«

Und was sind Gärten der Obsession? Es sind Gärten der Leidenschaft – schön, bizarr, geziert, verschroben, verträumt, zauberhaft, exzentrisch, fantastisch, grotesk, betörend, verspielt, kitschig, magisch, skurril, gauklerisch, pfiffig, visionär, wundersam – und oft einfach witzig.

All diese Begriffe beschreiben das Spektrum der so verschiedenen Gärten, die hier vorgestellt werden. Es sind Gestalt gewordene Träume, Fantasien, zum Leben erweckte uralte Mythen. Jeder Garten ist die Verwirklichung eines ganz persönlichen Traumes.

Wir zeigen hier die gärtnerische Leidenschaft in vielen Varianten. Das Buch stellt ganze Gärten vor, und Teilbereiche, die besonders ungewöhnlich oder exzentrisch sind, dazu die ganze Palette der Kontraste – von formalen Gärten des 16. und 17. Jahrhunderts bis hin zu den Schöpfungen zeitgenössischer Autodidakten der Gartenkunst.

Diese Gärten sind zauberhafte Plätze, die jedoch manchmal extravagant sind und irritieren oder abstoßen können. Ihre Gestalter haben sich fast nie um die Umgebung gekümmert, wenn sie ihre persönlichen Gartenträume verwirklichten. Tatsächlich können solche Anlagen sogar öffentliches Ärgernis erregen, vor allem wenn die Nachbarschaft sich viel auf ihre sauber gepflegten, stereotypen Vorgärten zugute hält.

Unsere eigene Gartenobsession entstand 1974 in Somerset, wo wir Kräuter anbauten. Damals riet uns unsere Freundin, die Gartenarchitektin Moyra Buchanan Burnett, Gärten und Landschaften mit einem professionelleren Blick zu betrachten. Zehn Jahre später waren wir Landschafts- und Gartenarchitekten. Die Gestaltung war zu unserem Beruf geworden – und zu unserer Obsession.

Als wir dann von unserem Verleger gefragt wurden, ob wir eine Idee für ein neues Buch hätten, schlugen wir die »Gärten der Obsession« vor, ein Thema, das schon lange in unseren Hinterköpfen rumorte. Er wollte sofort Genaueres wissen.

Wegen der Vielfalt des Themas konnten wir trotz Hilfe von Curtice Taylor nicht alle Gärten selbst fotografieren. Also durchforsteten wir die Fotoarchive und fanden eine Riesenauswahl an faszinierenden Bildern, die unser eher bescheidenes Konzept beträchtlich wachsen ließ. Von überall auf der Welt kamen Fotos – von sehr unterschiedlichen Gärten, von Menschen, die sich für eine bestimmte Pflanzensorte begeistern, von Gärten, die mit Fundstücken wie Muscheln, glatt gewaschenen Strandkieseln

und Steinen angelegt waren. In einem Park waren menschliche Figuren aus Naturstein geschlagen, in einem anderen fanden wir naive Menschen- und Tiergestalten aus Beton.

Alle diese Gärten sind so persönlich, dass sie kaum überleben können, wenn ihr Gestalter fortzieht oder stirbt. Der Dschungel überwuchert Edward James surrealistischen Betongarten in Mexiko, und auch die Trimmschere schafft es nicht immer, die Eiben-Lokomotive in Gloucestershire in Form zu halten. Die folgenden Seiten zeigen unseren Streifzug durch die sichtbar gemachten Träume passionierter Gartenbesitzer am Ende des zweiten Jahrtausends.

OBEN: *Dieser makellos gepflegte Formschnittbogen auf dem Friedhof von Tulcan, Ecuador, besteht aus Zypressen* (Cupressus arizonica). *In das dichte Grün sind kunstvolle Reliefs geschnitten.*

1 FORMSCHNITT UND BAUMKUNST

Selbst die Formschnittfiguren der Renaissance, die grünen Schiffe und Helme, Riesen, Drachen und Zentauren, hatten ihren Sinn. Weil sie so ungewöhnlich waren, erregten sie Aufmerksamkeit, förderten die Fantasie und stärkten die Erinnerung – so verbannten sie Selbstverliebtheit und triviale oder besitzergreifende Gedanken.

SIR GEORGE SITWELL, *On the Making of Gardens, 1909.*

Formschnitt, das Gestalten von lebenden Skulpturen aus Bäumen und Sträuchern, ist eine alte Kunst, deren Tradition von den Gärten der griechischen und römischen Antike bis zu den Disney-Themenparks des 20. Jahrhunderts in Kalifornien, Florida, Frankreich und Japan reicht.

Die Geschichte des Formschnitts hat ihren Ursprung in den Ziergärten, die rings um die luxuriösen Villen des antiken Rom angelegt wurden. Wie so viele andere Künste und Errungenschaften des zivilisierten Lebens kam auch diese aus Griechenland. Selbst das lateinische Wort für Gärtner, *topiarius*, geht zurück auf den griechischen Begriff *topia*, Landschaft. Topiarii waren Gartensklaven griechischer Herkunft, die im kaiserlichen Haushalt und in reichen römischen Familien dienten. Manche Historiker ver-

muten, dass sie von Feldzügen im östlichen Mittelmeerraum und aus Westasien mitgebracht wurden, was die Einflüsse persischer und ägyptischer Kultur in der antiken Gartengestaltung erklären könnte.

Plinius der Jüngere berichtet von den Formschnittfiguren im Garten seiner beiden Landhäuser. Er beschreibt »eine Terrasse, umgrenzt von einer Hecke aus Buchs, die mit verschiedenen Formen verziert ist. Von dort führt ein Hang bergab, gesäumt von einander gegenüber stehenden Tierpaaren aus geschnittenem Buchs«. Sein Onkel, Plinius der Ältere, umpflanzte Weingärten mit Zypressen, »doch heutzutage werden sie gestutzt, um ihnen eine schlanke Gestalt zu geben. Manche werden auch kunstvoll zu Jagdszenen, Schiffsflotten und Nachbildungen anderer Gegenstände geschnitten«.

Zwischen dem Untergang Roms im 5. Jahrhundert und dem Beginn der Renaissance im 14. Jahrhundert sah man Formschnitt vorwiegend in seiner einfachsten Art: als sauber beschnittene Hecke hinter den Mauern von Klostergärten. Alte Aufzeichnungen zeigen niedrige, akkurate Hecken im Florentiner Kloster von Val di Ema und in der norditalienischen Certosa di Pavia. Im Britischen Museum befindet sich der *Rosenroman*, ein reich illustriertes Manuskript aus dem Mittelalter. Es enthält Abbildungen von Schlossgärten mit exakten Reihen aus geschnittenen, auf Draht gezogenen Sträuchern.

Mit der Wiederbelebung der antiken Künste während der Renaissance im Italien des 15. und 16. Jahrhunderts hielt der Formschnitt Einzug in die prächtigen Gärten des Florentiner Adels. 1459 entwarf der große Architekt Leon Battista Alberti die Villa Quaracchi vor den Toren von Florenz für Giovanni Ruccellai. In den Tagebüchern des Auftraggebers sind Albertis Entwürfe für den Garten und vor allem für die Formschnittfiguren dokumentiert: »Kugeln, Säulen, Tempel, Vasen, Urnen, Affen, Esel, Ochsen, ein Bär, Riesen, Männer und Frauen, Krieger, eine Hexe, Philosophen, Päpste und Kardinäle.«

Im 17. Jahrhundert wurden die Gärten von Versailles angelegt, deren Formschnittkunst ein Jahrhundert lang Vorbild für ganz Europa war. Hier lag das Schwergewicht jedoch nicht auf Figuren und komplexen Gebilden in italienischen Stil, sondern auf den *charmilles*, hohen Hecken, meist aus Buche. Ein zweites beliebtes Element waren niedrige Hecken aus Buchs, zur Einfassung des Hauptgartens ebenso wie als Umrahmung des zentralen Parterres. Geometrische Formen wie Kegel, Kugeln und Pyramiden schnitt man aus Eibe und Buchs, um auch in der Höhe Akzente zu setzen.

Mit dem zwangloseren Stil der Landschaftsgärten von William Kent und Lancelot »Capability« Brown geriet der Formschnitt im 18. Jahrhundert aus der Mode, um im 19. Jahrhundert in einer Mischung früherer Stile ein Comeback zu erleben – als unverzichtbarer Bestandteil der Gärten viktorianischer Villen.

Der Earl of Barrington schuf zwischen 1840 und 1850 in Elvaston Castle in Derbyshire einen der weitläufigsten viktorianischen Formschnittgärten, mit 6 m hohen und 4 m breiten Vögeln sowie einer 10 m hohen Hecke aus uralten Eiben. Viele der Gebilde waren schon fertig geformt, als sie in den Garten gebracht wurden. John Claudius Loudon schrieb in seinem Bericht über den Transport der Figuren:

> »Viele große Pflanzen ... mussten auf ihrer Reise (zum Elvaston Castle) durch die Stadt Derby gebracht werden. Manche waren so riesig, dass die Fenster rechts und links der Straße zu Bruch gingen.«

Im späten 20. Jahrhundert rückte Formschnitt wieder ins Interesse begeisterter Gärtner. In großem Maßstab sieht man ihn in den Ladew Gardens in Maryland oder auf dem großartigen Friedhof von Tulcan in Ecuador. Das andere Ende des Spektrums zeigen die individuellen Fantasien in Vorgärten und Höfen – große Schiffe aus Liguster, eine Dampfmaschine aus Eibe, grüne Tiere aller Arten, aber auch kleine, kugelige Rosmarin- oder Buchsbaumpflanzen in Terrakottatöpfen, die überall in Gartencentern angeboten werden.

VORIGE SEITE: *Die Toten auf dem Friedhof von Tulcan sind in Katakomben bestattet. Sie werden bewacht von einer der größten und schönsten Formschnitt-Sammlungen der Welt.*

LINKS: *Thomas Braytons Formschnittgarten in Portsmouth, Rhode Island, USA, geht auf das späte 19. Jahrhundert zurück. Wie alle grünen Skulpturen in diesem Garten ist auch der Elefant bestens gepflegt und gut in Form.*

RECHTS: *Die Hecken des Friedhofs von Tulcan sind in einem regelmäßigen Rechteckmuster angelegt. Das Gesamtbild umfasst eine Reihe exakt geschnittener Vierecke, Gänge und Arkaden mit geometrischer Bekrönung, Obelisken, Karyatiden und Tiergestalten.*

Formschnitt

Friedhof, Tulcan, Ecuador. Die faszinierenden architektonischen Formschnitte des Friedhofs von Tulcan im nördlichen Ecuador gehören zu den Meisterwerken dieser Kunst. Fast jeder Südamerika-Reiseführer enthält mindestens ein Foto der Anlage, die etwa 150 km nördlich der Hauptstadt Quito liegt. Tulcan selbst wird in einem Buch als »seltsame, heruntergekommene Stadt mit einer schmuddeligen Wild-West-Atmosphäre« beschrieben.

Der alte, konventionelle Friedhof wurde erst vor etwa 60 Jahren unter der Führung des Landwirtes Azael Franco Guerrero umgestaltet. Nachdem die Bäume gepflanzt waren, bildete er einige junge Männer in der mühevollen Kunst des Formschnitts und seiner intensiven Pflege aus.

Auf dem Friedhof findet man drei Typen des Formschnitts. In einige Hecken sind Reliefs geschnitten, die an architektonische Schmuckformen erinnern. Andere Pflanzen sind zu kunstvollen Porträts von südamerikanischen und Inka-Helden geformt sowie zu Figuren aus der Mythologie der Azteken, des Orient und Ägyptens. Schließlich sind einzelne große Bäume als Elefant oder überdimensionaler Astronaut geschnitten worden.

LINKS: *Der makellose Zustand der Hecken in Tulcan ist auf eine konsequente Pflege zurückzuführen. Sie werden zweimal jährlich geschnitten.*

UNTEN: *Zu den ungewöhnlicheren Formschnittfiguren in Tulcan gehört dieses überdimensionale Kind, das am Daumen lutscht.*

OBEN: *Im Lauf der Zeit ist aus Harvey Ladews 16 cm hohen Buchsbaumpflanzen diese 2,5 m hohe Spirale herangewachsen, auf der eine zufriedene Ente hockt.*

LADEW FORMSCHNITTGARTEN, MONKTON, MARYLAND, USA. Buchsbaumformschnitt und -hecken gehören seit Mitte des 17. Jahrhunderts zum typischen Bild der Herrenhäuser in Virginia und Maryland. Im Laufe der Zeit sind manche Pflanzen verwildert und zu seltsamen, organischen Formen herangewachsen.

Harvey S. Ladew ging 1929 fast allein daran, seinen ungewöhnlichen Formschnittgarten in Monkton anzulegen, eine faszinierende Mischung aus geschnittenen Hecken und kunstvollen immergrünen Skulpturen. Bei allem Enthusiasmus konnte er sich wohl kaum vorstellen, wie fantastisch sein Garten 70 Jahre später aussehen würde. Seine Obsession fasziniert die Besucher noch heute.

PEARL FRYAR FORMSCHNITTGARTEN, BISHOPVILLE, SOUTH CAROLINA, USA. Pearl Fryar wurde in North Carolina geboren und zog vor 12 Jahren nach Bishopville um, wo er für die American National Can Corp. arbeitet. Er hatte keine Vorkenntnisse in der Formschnitttechnik, doch die unendlichen Möglichkeiten pflanzlicher Skulpturen regten seine Fantasie an und ließen ihn ungewöhnliche Formen gestalten. Heute ist sein Haus von einem Skulpturengarten umgeben, in dem sich Hunderte von originell geformten Bäumen und Sträuchern finden.

Die Anlage zog sowohl Garten- wie Kunstkenner an. Fryars Formschnitte finden sich heute im State Museum und im Philip Simmons-Garten in Charleston. Jetzt bemüht man sich, eine Stiftung zur Erhaltung seines Gartens ins Leben zu rufen.

OBEN: *Fryars schlanke, hohe Bogenformen knüpfen an die klassische Tradition des Formschnitts an.*

LINKS: *Buchsbaum, Eibe und Thuja sind die vorherrschenden Pflanzen in Fryars Garten. Er hat daraus ungewöhnliche Formen gestaltet, die entweder direkt seiner Fantasie entsprungen sind oder von dem Wuchs der Pflanzen vorgegeben wurden. Einige Eiben sind so zusammengebunden, dass die Sonne von immer anderen Bögen und Arkaden eingerahmt wird.*

RECHTS OBEN: *Ron Russell beschneidet die Buchsbaum-Flotte in seinem Garten. Ein Schild lädt Passanten ein, die Schiffe in diesem Hafen genauer anzusehen. Dort gibt es auch ein Modell des U-Bootes, auf dem der Besitzer im Zweiten Weltkrieg Dienst tat.*

LINKS: *Die lebensgroße Giraffe ist eine der vielen amüsanten Liguster-Figuren, unter denen sich junge Inder zu den Ritualen frisch Verliebter treffen.*

RECHTS UNTEN: *Ähnlich wie ein New Yorker Graffiti-Künstler hat hier der Gärtner Motive in die Hecke in Zacero geschnitten. Im Grün vor der Stadtkirche sieht man ein Bild von Jesus neben der Botschaft »Jesus liebt dich«.*

PHEROZESHAH MEHTA GARDENS, BOMBAY, INDIEN. Während der britischen Kolonialzeit galt Bombay als Indiens Tor zur Welt. Die meisten Menschen, die den Subkontinent betraten oder verließen, passierten diesen Hafen. Zu den faszinierendsten Anblicken gehört der Malabar Hill, der sich über dem nördlichen Vorsprung der Back Bay erhebt. Seit dem 18. Jahrhundert ein beliebtes Wohngebiet, findet man heute dort die so protzig wie schlampig gebauten Apartments der Neureichen.

An der bergan führenden Straße liegt ein Jaina-Tempel, dem ersten Jaina, Vijayanara Adinath, geweiht. Hier befinden sich auch die Pherozeshah Mehta-Gärten, eine formale Terrassenanlage mit einigen ungewöhnlichen Formschnitt-Tieren.

BUCHSBAUMFLOTTE, BEER, DEVON, ENGLAND. Ron Russell, Kapitän der Küstenwache im Ruhestand, lebt in dem Dörfchen Beer. Im Vorgarten des Dienstgebäudes der Küstenwache ließ er eine kleine Flotte aus Buchsbaumschiffen wachsen.

ZACERO, COSTA RICA. Zacero liegt in Costa Rica, dem schönen Land zwischen dem Atlantischen und dem Pazifischen Ozean. Am Hauptplatz der Stadt steht eine schlichte, weiß getünchte Kirche. Ungewöhnlich ist ihr 8000 m^2 großer Garten. Hohe Formschnittbögen rahmen den Weg zur Kirchentür. Dahinter sieht man grüne Skulpturen von Motorradfahrern, Stierkämpfern, Elefanten und eine Menagerie verschiedener Tiere, umgeben von einer hohen, geschwungenen Hecke.

LINKS: *Das Parterre im Kloster San Lorenzo ist schwierig zu pflegen. Die Pflanzen sind so dicht gewachsen, dass die Motive von oben mit Hilfe eines Gerüsts geschnitten werden müssen.*

KLOSTER SAN LORENZO DE TRASSONTO, SANTIAGO DE COMPOSTELA, SPANIEN. Im Kloster San Lorenzo de Trassonto gibt es bereits seit dem 13. Jahrhundert einen Garten. Mitte des 17. Jahrhunderts wurde er neu angelegt. Dabei entstand auch das Buchsbaumparterre, das unter anderem das Gitter darstellt, auf dem der Heilige Lorenz verbrannt wurde. Der Kurator der örtlichen Museums vermutet, dass das Motiv von einem mittelalterlichen Backrost stammt, das man zur Herstellung von *flores*, einer galizischen Gebäckspezialität, verwendete. Auch das Kreuz von Santiago und andere Muster sind zu sehen.

Als die spanische Kirche ihre Besitzungen veräußerte, fiel das Kloster an die Herzogin von Soma. Sie und ihre Nachkommen halten die Buchsbaumhecken in makellosem Zustand.

UNTEN: *Drei Buchsbaumtiere schauen zufrieden über den Zaun, fast als könnten sie spüren, welches Vergnügen sie selbst eiligen Passanten bereiten.*

TIERHECKEN, WORCESTERSHIRE, ENGLAND. Es gibt nur wenige Häuser auf dem Land, die ein Pferd mit Jockey, einen Löwen und einen Elefanten im Vorgarten haben. Die ersten beiden sind nahezu lebensgroß, doch der Elefant ist noch ein Baby. Sie alle blicken von Ligusterhecken über die Gartenmauer, so dass Passanten sie gut sehen können. Der Besitzer hat viel Zeit und Mühe aufgewendet, um sie zu gestalten. Zum eigenen Vergnügen geschaffen, faszinieren sie sogar vorbeirasende Autofahrer für kurze Momente.

RECHTS: *In Braytons Garten kann man neben einer Giraffe auch einen Löwen, ein Kamel, ein Einhorn, einen Elefanten, zwei Pfaue und ein Rentier bewundern.*

GRÜNE TIERE, PORTSMOUTH, RHODE ISLAND, USA. Trotz der sehr unterschiedlichen Klimaverhältnisse in Amerika ist das Interesse am Formschnitt nie erloschen. Als in den 1930er Jahren der Gouverneurspalast in Williamsburg, Virginia, restauriert wurde, entdeckte man bei Ausgrabungen, dass er von formalen Buchsbaumhecken umgeben war. Auch ein Labyrinth aus Ilex hatte es gegeben, dazu viele Formschnittfiguren wie Kegel und Spiralen.

Ende des 19. Jahrhunderts dekorierte Thomas Brayton seinen kleinen Landsitz mit einer Sammlung origineller Tiere. Der Garten bildet einen erfrischenden Kontrast zu den eher einfallslosen formalen Gärten, die um die gleiche Zeit rings um die Villen der Neureichen im nahe gelegenen Newport angelegt wurden.

RECHTS: *Diese Buchsbaumgruppe im Garten der Johnsons hat keinen Namen. Besucher erkennen darin Schafe, Felsen, ein Bergmassiv in der Ferne – und sogar wohlgeformte Hinterteile.*

Buchsbaum-Findlinge, Saling Hall, Essex, England. Hugh Johnson hat viele Jahre für »The Garden«, die Zeitschrift der Royal Horticultural Society, das witzige und informative Tradescant's Diary geschrieben. 1997 berichtete er über den Buchsbaumgarten, den seine Frau und er geschaffen hatten.

Vor etwa 20 Jahren wollten sie den instabilen Kieshang am Ufer eines Teiches in stilisiertem japanischen Stil befestigen. Sie ließen sich von Sträuchern anregen, die sie in Kyoto gesehen hatten, und pflanzten Buchsbaum. Es wurden 88 Pflanzen, die jährlich von Eric Kirby geschnitten werden. Er ging mit großer Vorsicht zu Werk, weil der Kieshang, auf dem die Pflanzen wachsen, wenig Festigkeit besitzt. Kirby ist der einzige Gärtner, der die Technik beherrscht, mit Buchs organische Formen zu gestalten, die sich langsam, aber stetig verändern.

LINKS: *Sonntag auf der Insel Grande Jatte, Georges Pierre Seurat, 1886.*

RECHTS: *Masons Formschnitt-Nachbildung von Seurats Gemälde. Die meisten Figuren bestehen aus unterschiedlichen Eiben-Arten. Sie wachsen an schwarz lackierten Eisengestellen, die Mason entworfen hat.*

Park der Schule für Gehörlose, Columbus, Ohio, USA. 1988 fiel die Entscheidung, aus einem von Abfall übersäten städtischen Rasen einen einladenden Park zu machen. James Mason, der an der örtlichen Kunstschule Bildhauerei unterrichtet, entwickelte die Idee, das Gemälde »Sonntag auf der Insel Grande Jatte« des Impressionisten Georges Seurat nachzustellen. Das Original befindet sich im Art Institute von Chicago. Es ist so empfindlich, dass es nicht ausgeliehen werden kann.

Das Formschnittprojekt umfasst eine Fläche von etwa 2000 m^2, die größte Figur ist 3,5 m hoch. Insgesamt gibt es 50 grüne Figuren, acht Boote, drei Hunde, einen Affen und eine Katze. Die Perspektive ist bewusst übertrieben: Damit der gleiche optische Eindruck wie auf dem Gemälde entsteht, sind die Figuren im Vordergrund deutlich größer als die im Hintergrund. Mason selbst schreibt dazu:

»Dieser Park ist eine Landschaft, die nach einem Landschaftsgemälde gestaltet wurde. Es stellt Bezüge zu Menschen und ihren Aktivitäten im Freien her, zur Natur und zur westlichen Kulturgeschichte. Die Natur ist seit jeher eine Quelle der Inspiration für Künstler, und die Beziehung zwischen Kunst und Leben ist ein dauernder Prozess. Seurats Gemälde befasst sich mit … Menschen (Leben) in einer natürlichen Szenerie (Park oder Garten). Es ist das alte Thema der westlichen Kunst: der Garten Eden, die Sehnsucht nach dem Paradies. Wenn ein Künstler ein Landschaftsbild malen, … Malerei die Natur nachempfinden kann, warum soll dann ein Bildhauer nicht eine Landschaft zu einem Kunstwerk umgestalten und in der Natur die Kunst nachempfinden? Der Formschnittgarten ist zugleich Kunstwerk und Natur. Er spielt mit den Beziehungen zwischen Natur, Kunst und Leben.«

LINKS: *Hier sieht man Seurats Garten von der Rückseite. Die Segel der Boote bestehen aus Herbst-Clematis.*

RECHTS: *Gräser, Kriechthymian und Zier-Erdbeeren wurden als dekorative Bodendecker gepflanzt.*

KING RAMA PARK, BANGKOK, THAILAND. Auf grünem Rasen wird dem Elefanten gehuldigt, der in Thailand und vielen anderen südostasiatischen Ländern große Bedeutung als Arbeitstier hat.

LINKS: *Zwei Generationen von Formschnitt-Elefanten wachsen einträchtig im King Rama Park in der Nähe eines der königlichen Paläste von Bangkok heran.*

COMMUNITY TOPIARY GARDEN, LOWER WEST SIDE, NEW YORK CITY, USA. Dieser wunderbar gepflegte Formschnittgarten liegt vor einem Haus an New Yorks 7th Avenue, zwischen der 17th und 18th Street. Er entstand nach einer Warnung der Polizei an die Bewohner des Blocks, die ausladenden Sträucher seien ein idealer Unterschlupf für Sexualverbrecher. Sie rieten dem Beirat der Hausbesitzer, die Sträucher entfernen zu lassen. Ein Bewohner fand diesen Ratschlag lächerlich und gestaltete die Bepflanzung zu einer offenen Formschnittanlage um, in der sich nichts Bedrohliches mehr verstecken kann. Die Nachbarn waren begeistert – und ebenso die Polizei.

THE WHITE GARDEN, SISSINGHURST, KENT, ENGLAND. Harold Nicholson und Vita Sackville-West kauften 1931 die Ruine eines elisabethanischen Herrenhauses. In den folgenden zehn Jahren legten sie einen Garten an, der mehr Einfluss gewann, als sie je vermutet hätten. Sissinghurst ist heute einer der beliebtesten Gärten Englands. Viele Besucher haben ihre persönlichen Lieblingswinkel, doch der »Weiße Garten« ist sicherlich der bekannteste – so berühmt und so oft kopiert, dass er fast zu einem Synonym für »widerlich guten Geschmack« geworden ist.

OBEN: *Der Schöpfer dieses Ensembles ist inzwischen an Aids gestorben. Seitdem pflegt eine ehemalige Freundin die pfiffige Bepflanzung in einem Vorgarten in Manhattan.*

RECHTS: *Der weiße Garten in Sissinghurst ist ein idealer Ort für Farbenblinde. Von einer Buchsbaumbank aus kann man die edle Pracht in aller Ruhe genießen.*

ARLEY HALL, GREAT BUDWORTH, CHESHIRE, ENGLAND. Arley Hall gehörte mehr als 500 Jahre der gleichen Familie. Die heutigen Besitzer sind Michael Flowers und seine Frau. Die 26 ha große Anlage gehört zu den berühmtesten englischen Gärten und rühmt sich der längsten Staudenbeete des Landes.

DER SCHLAFENDE MANN, RAMPISHAM, DORSET, ENGLAND. Dieses Stück erinnert an die faszinierenden Bodenskulpturen, die in den 1970er Jahren von James Pierce in Maine geschaffen wurden. Pierce wiederum war beeinflusst von Landschaftskünstlern der 1960er Jahre wie Michael Heizer und Robert Smithson. Hier ersetzen ein Stuhl und ein Bett die konventionellen Formschnittrahmen. Aus Gras, das als Material für Formschnitt immer beliebter wird, sind das Polster des Stuhls sowie Bettdecke und Kissen.

Das Skelett des Grasmannes ist aus Kükendraht, der mit einem wasserspeichernden Material umwunden ist. Darauf wurde Erde gestreut und Gras gesät, das jetzt nur noch regelmäßig geschnitten und wie ein gewöhnlicher Rasen gewässert und gedüngt werden muss. Das Ergebnis ist viel origineller als die immer gleichen englischen Vorgärten.

OBEN: *Ein Gärtner in Arley Hall schneidet einen Hochstamm. In römischer Zeit wäre seine Berufsbezeichnung* topiarius *gewesen – das lateinische Wort für Gärtner.*

RECHTS: *Dieses Ensemble wurde von dem englischen Fotografen George Wright in seinem Garten in Rampisham gestaltet.*

BAUMVEREDLUNG

SIMPLE'S GARDEN, PENNSYLVANIA, USA. Simple ist in Honeybrook im Westen von Pennsylvania zu Hause. Dort züchtet er seine einzigartigen Bäume. Sein Wohnmobil hat er zu einer fahrbaren Werbefläche umfunktioniert: Die Seiten sind komplett mit aufgemalten Spalierbäumen überzogen, zwischen deren Zweigen seine Angebotspalette aufgelistet ist. Er nennt sich selbst »Simple, der fahrende Gartenkünstler« und bietet »Gartenillusionen«, »Formschnitt«, »Pergolen«, »Trompe l'œuil« sowie »Fassaden und Spaliere« an. Auf den Türen des Wagens prangt der Schriftzug »Spezialist für Gartenkunst«.

OBEN: *Simple lehnt sich in einem 15 Jahre alten Sessel aus Eibe zurück, den er ohne Stützgerüst gezogen hat.*

LINKS: *Auf einen einzigen Stamm wurden fünf verschiedene Apfelsorten aufgepfropft. In der Mitte entstand ein Herz, in dem Simple, der die alte Kunst des Propfens meisterlich beherrscht, zu sehen ist.*

RECHTS: *Auch diese Reihe dekorativ gepfropfter Spalierbäume – Äpfel, Birnen und Pflaumen – ist ein Werk von Simple.*

LINKS: *Axel Erlandson in einem seiner »lebenden« Stühle.*

OBEN: *Die Vogelkäfig-Sykomore. Um solche skurrilen Baumkunstwerke zu gestalten werden die Zweige miteinander verbunden, bis sie zusammenwachsen. Dabei entstehen faszinierende Geflechte aus Stamm und Zweigen.*

UNTEN: *Im Vordergrund sieht man den Totem-Baum, dahinter Erlandsons erstes Baumkunstwerk, den vierbeinigen Riesen.*

SCOTT'S VALLEY TREE CIRCUS, GILROY, KALIFORNIEN, USA. Axel Erlandson, der Schöpfer des Baumzirkus, war ein besessenes Genie. Zeichnungen seiner faszinierenden Baumskulpturen erschienen elf Jahre lang in Ripley's *Believe-it-or-not*, einer amerikanischen Sammlung der schönsten Verrücktheiten aus aller Welt.

Erlandson wurde 1884 in Schweden geboren. Er wanderte mit seiner Familie nach Minnesota aus und zog 1902 nach Turlock, Kalifornien. Als die Obstplantage der Familie in Konkurs ging, wurde er Landvermesser und baute gleichzeitig eine Baumschule auf. Dabei entdeckte er, dass Sykomorenzweige leicht miteinander verwachsen. Er experimentierte auch mit anderen Pflanzen wie Buche, Holunder, Ahorn, Mispel, Eiche, Weide, Maulbeere und Akazie.

Erlandson nutzte seine Entdeckung, um den faszinierenden Baumzirkus anzulegen, der sein Lebenswerk wurde, »eine Sammlung von Baumkunst, die selbst die Gärten von Versailles übertrifft«. Im Alter von 77 Jahren schrieb Erlandson an den Staat Kalifornien und zitierte diese Worte, die 1957 im *Life Magazine* veröffentlicht worden waren. Er hoffte, den Staat zur Übernahme des »Tree Circus« überreden zu können.

Im Lauf von 50 Jahren schuf Erlandson 80 Skulpturen, von denen 40 am Ende seines Lebens noch existierten. Sein Brief an den Staat hatte keinen Erfolg, doch 1978 entdeckte Mark Primack, ein begabter junger Architekt, die Bäume. Er hatte gerade sein Studium an der Architectural Association in London mit einer Arbeit über »Botanische Architektur« beendet. Primack setzte sich für den Erhalt von Erlandsons Werk ein und erreichte, dass der Telefonzellen-Baum jetzt im American Visionary Art Museum in Baltimore steht. Der eigentliche Retter der Bäume ist jedoch Michael Bonfante, der einige Bäume an den Eingang des Themenparks verpflanzte, den er am Hecker Pass in Kalifornien anlegt.

LINKS: *Erlandson gab seinen Baumgeschöpfen bezaubernd naive Namen. Da gibt es die Wendeltreppe, das Kirchenfenster, die Blitzschlag-Sykomore und die Drehtür. Diese Esche heißt »Nadel und Faden«.*

OBEN: *Durchaus passend ist auch der Name »Doppelherz-Weide«.*

OBEN: *Michael Bonfante hat die meisten von Erlandsons noch lebenden Bäumen übernommen. Noch sind aber nicht alle endgültig verpflanzt. Der Wurzelballen dieses Exemplars mit Namen »Doppelbrillenbaum« ist gut in einer riesigen Kiste untergebracht.*

RECHTS: *Der beeindruckende Bogen-Baum.*

2 Gartenbauten und »grüne« Architektur

Sterling: Ich will Eurer Lordschaft nur meine Ruinen zeigen, den Springbrunnen und die chinesische Brücke. Dann gehen wir zum Frühstück.
Lord Ogleby: Ruinen sagten Sie, Mr. Sterling?
Sterling: Ja doch, Ruinen, Mylord. Es heißt sogar, es seien sehr schöne. Man möchte meinen, sie wollen gleich zusammenstürzen. Es hat mich hundertfünfzig Pfund gekostet, sie so herrichten zu lassen. Hier entlang, wenn es Eurer Lordschaft beliebt.

George Colman, *Die heimliche Ehe (1766), Akt 2, Szene 1*

Ob im klassischen Stil des 18. oder im schlichteren des 20. Jahrhunderts – Gartenbauten dienen immer dem privaten Vergnügen. Sie verzaubern selbst als Ruinen. Aussichtspunkt, Blickfang, Laube, Pyramide, Menagerie, Voliere oder Tempel – Follies können ganz verschieden sein. Ihre Blütezeit hatten sie im England des 18. Jahrhunderts, als begüterte Landbesitzer sich ein Denkmal setzen wollten.

Die frühesten, großartigsten und einflussreichsten Gartenhäuser ließ Kaiser Hadrian um seine Villa bei Tivoli in Italien bauen. Es waren Miniaturkopien von Gebäuden, die er auf seinen Reisen kennen gelernt hatte, wie der Tempel von Serapis bei Alexandria oder die Stoa Poikile in Athen.

Unweit des Landsitzes von Hadrian liegt die Villa d'Este, die im 16. Jahrhundert von Kardinal Ippolito d'Este erbaut wurde. Er ließ die Rometta anlegen, eine Miniaturausgabe Roms mit den sieben Hügeln und seinen wichtigsten Bauten wie dem Pantheon, Septizodium und Kolosseum. Auf ihrer Grand Tour kamen Besucher aus ganz Europa hierher – anschließend verschönerten sie ihre eigenen Gärten mit Bauten, die von diesem »antiken« Stil inspiriert waren. Naturstein und Ziegel, Kiesel, Kupfer, Bronze und sogar Tierknochen wurden eingesetzt, um den gewünschten Effekt zu erzielen. Kleine Liebestempel, Miniaturkopien des Pantheon und Pyramiden aus Stein oder Erde sind nur einige Beispiele für die Vielfalt der Follies. Sie waren zwar eine Modeerscheinung, zugleich aber auch eine schöne Erinnerung an die Italienreisen der Jugend.

Die Gartenarchitektur des 19. und 20. Jahrhunderts basiert auf bescheideneren wirtschaftlichen und sozialen Verhältnissen. Auch die zur Verfügung stehenden Materialien wirkten sich auf den Stil aus. Zum Blickfang wurden häufig Materialien, die preiswert oder umsonst zu haben waren. Beton, Muscheln, Steine, Porzellanscherben, Flaschen oder Autoscheinwerfer hielten Einzug ins Design von Gartengebäuden, Höfen und sogar Häusern.

Unter »grüner« Architektur verstehen wir Bauten, die mit Kletterpflanzen, schlankwüchsigen Bäumen oder Sträuchern verkleidet sind. Das Blätterkleid mag dazu dienen, die wirkliche Welt auszusperren, das Licht zu filtern und im Haus einen grünen Schimmer zu zaubern – oder dazu, sich das Beschneiden zu ersparen.

VORIGE SEITE: *Eine Folly des 20. Jahrhunderts wurde von Stanley Norbury in Hampshire erbaut.*

FOLLIES

WEIDENPALAST, AUERSTEDT, THÜRINGEN, DEUTSCHLAND. Vor einigen Jahren rief der Umwelt-Aktivist Marcel Kalberer einige Kollegen aus der internationalen europäischen Ökobewegung zusammen. Sie trafen sich in dem kleinen Dorf Auerstedt bei Weimar in der ehemaligen DDR, um ein lebendes Gebäude aus Weiden zu pflanzen. Der Weidenpalast hat einen Durchmesser von 30 m und ist 10 m hoch. Die Gruppe arbeitete drei Wochen an dem grünen Bauwerk.

RECHTS: *Der Weidenpalast besteht überwiegend aus Bäumen, die an einem Flusslauf wachsen. Junge Pappeln, in Bündeln dazwischen gepflanzt, dienen als Streben oder Rippen. Sie sind an einem zentralen Pfosten befestigt, der ebenfalls aus einem Bündel junger Bäume besteht.*

OBEN: *Der Pavillon aus dem 18. Jahrhundert wurde zum Blickfang der Anlage des 20. Jahrhunderts, die durch ihre exakte Symmetrie fasziniert.*

THE MENAGERIE, NORTHAMPTONSHIRE, ENGLAND. Die Menagerie war der Blickfang im Park von Horton House. Sie wurde 1750 von Thomas Wright of Durham entworfen. Gervase Jackson-Stops rettete das Anwesen vor dem Verfall, indem sie es 1975 kaufte und in den 1980er Jahren restaurieren ließ.

Der Garten besaß ursprünglich eine zentrale Lindenallee, zwei Hainbuchenalleen und dichte Eibenhecken, die als Windschutz dienten. Große, kreisrunde Teiche mit Fontänen wurden später angelegt, an denen auch faszinierende Pavillons entstanden. Einer ist rund, klassisch im Stil und wird als Speiseraum benutzt. Der andere, dreieckig und neugotisch, dient als Gästezimmer. Beide haben ein Strohdach und mit Eichenbohlen verkleidete Wände sowie formale Fassaden mit Blick zum Teich. Die seitlichen Holzfassaden sind rustikal und blicken auf improvisierter gestaltete Teiche und Beete. Die Säuleneingänge beider Pavillons liegen einander gegenüber und schaffen so optische Ausgewogenheit.

RECHTS: *Hinter der klassischen Fassade liegt der Speiseraum mit Blick auf einen der kreisrunden Teiche der Menagerie.*

LINKS: *Vom Strand der englischen Südküste stammen die Muscheln, mit denen Jack Miles die Häuser in seinem Miniaturdorf verkleidet hat. Die Nachbarn sammeln zerbrochenes Porzellan für die Mosaiken.*

RECHTS: *Der Brunnen bei Sintra symbolisiert den spiralförmigen Abstieg in die Unterwelt. Auf den verschiedenen Ebenen sind Galerien und Labyrinthe in den Naturstein gehauen worden. Das Gestein ist mit mystischen Motiven verziert, darunter das achteckige Templer-Kreuz, und mit kunstvollen Akanthusblättern an den Kapitellen der Säulen.*

MUSCHELGARTEN, MANITOBA, DOWNTON, WILTSHIRE, ENGLAND. Downton liegt im Herzen von Wiltshire. Es ist eine sympathische Kleinstadt, typisch für das ländliche England. Die Vorgärten sind liebevoll gepflegt, meist im konventionellen Stil mit sauber gemähtem Rasen, Staudenbeeten, Rosen und rankenden Glyzinien über dem Hauseingang. Die Ausnahme ist der Muschelgarten, den Jack Miles vor 30 Jahren neben seinem Haus angelegt hat. Dort ist kein einziges klassisches Element zu finden, und doch ist er so bekannt, dass Busladungen von Touristen aus Bournemouth die Hauptstraße überfluten.

Das Muscheldorf wird jedes Jahr größer. Zu Weihnachten darf ein Kind aus dem Dorf die Lichter anschalten, um die kleinen Häuser zu erleuchten. Dieses Ritual macht inzwischen sogar dem traditionellen Kirchgang Konkurrenz.

UNTERWELTBRUNNEN, VILLA REGALARIA, SINTRA, PORTUGAL. »Geldsack« Monteiro war ein portugiesischer Adliger und Ästhet des 19. Jahrhunderts. Sein wirklicher Name ist Antonio Augusto Carvalho-Monteiro dos Milhoes, und er war Erbe eines gewaltigen brasilianischen Kaffee- und Edelsteinvermögens. In den 1870er Jahren ließ er auf seinem Landbesitz in den Bergen von Serra bei Sintra eine großartige Villa und einen allegorischen Garten errichten. Sie wurden von dem italienischen Architekten und Bühnenbildner Manini entworfen, der auch für die Mailänder *Scala* arbeitete.

Die Villa zeigt eine exzentrische Stilmischung, der Garten wird beherrscht von Mythen und Märchen. Ein faszinierender Brunnen mit neun Geschossen dringt 18 m tief in einen felsigen Vorsprung des Grundstücks ein.

LINKS: *Fürst Leopold III. zauberhafter Liebestempel im Stil des englischen Klassizismus in Wörlitz.*

DESSAU-WÖRLITZ, SACHSEN-ANHALT, DEUTSCHLAND. Leopold III., Fürst Friedrich Franz von Anhalt-Dessau (1740–1817), war begeistert von der englischen Landschaftsgärtnerei des 18. Jahrhunderts und den hochentwickelten Gartenbautechniken des englischen Adels. Zwischen 1763 und 1785 reiste er vier Mal nach England – insgesamt verbrachte er dort zwei Jahre. Der Fürst studierte die Landschaftsgärten von William Kent und Lancelot »Capability« Brown, wie Claremont in Surrey, Castle Howard in Yorkshire und Stourhead in Wiltshire.

Im Laufe von 40 Jahren ließ Leopold III. einige dieser Landschaften, die er so liebte, auf einem 25 km langen Landstrich in den Elbauen nachschaffen. Sein Meisterwerk ist der 100 ha große Park von Wörlitz. Zu seinem eigenen Vergnügen und dem der Besucher ließ er dort einen Flora-Tempel bauen, ein Pantheon, eine chinesische Brücke und den Ermenonville-See samt Insel – dem Grabmal Jean-Jacques Rousseaus. Wen mag es da wundern, dass der Fürst völlig verarmt starb.

Das *Gartenreich* hat die kommunistische Ära überdauert. Es blieb fast unversehrt und wird zur Zeit mit Mitteln der Benneton-Stiftung restauriert. Jedes Jahr kommen eine Million Besucher.

STANLEY NORBURY GARDEN, THE BEECHES, WEYHILL, HAMPSHIRE, ENGLAND. Stanley Norbury war tagsüber Staatsbediensteter und nach Feierabend passionierter Gärtner. Stück für Stück schuf er diesen Garten, und er gedieh prächtig. Seine Einflüsse, sagt er, kämen aus Spanien, Italien und der Türkei, und sie sind tatsächlich in vielen Teilen des Gartens zu spüren. Doch vor allem ist die Anlage geprägt von der sensiblen und liebevollen Hingabe des Besitzers.

Norbury berichtete über seine Gartenarbeit: »Ich stehe um 5 Uhr morgens auf und grabe ein paar Stunden oder länger. Am Abend arbeite ich dann bei Mondschein bis Mitternacht oder bei elektrischem Licht bis 3 Uhr. So weit kann es mit einem kommen, wenn man eine fixe Idee im Kopf hat und sie unbedingt verwirklichen will.«

OBEN: *Zu Norburys ganz persönlicher Stilmischung gehören zierliche maurische Kuppeln, italienische Treppen und Balustraden sowie türkisch anmutende Türmchen. Er folgt keinem vorher festgelegten Plan und erklärt: »Es hat sich allmählich entwickelt. Nichts war geplant, anfangs hatte ich keine Vorstellung, wie das Endergebnis ausfallen würde.«*

LINKS: Die vierseitige, grasbewachsene Pyramide erhebt sich 15 m über dem Wasserspiegel des Sees. Es ist die Grabstätte des gartenbesessenen Fürsten und seiner lange leidenden Gemahlin.

RECHTS: Die Luftaufnahme zeigt den italienischen Barockgarten im Stadtzentrum von Portmeirion, Wales.

GRABPYRAMIDE FÜR FÜRST UND FÜRSTIN PÜCKLER-MUSKAU, BRANITZ, BRANDENBURG, DEUTSCHLAND. Hermann Fürst Pückler-Muskau (1785–1871) war ein weiterer deutscher Adliger des 19. Jahrhunderts, den die Leidenschaft für englische Landschaftsgestaltung gepackt hatte. 1814 bereiste er England, um die wichtigsten Gärten des Landes zu sehen und lernte auch Humphrey Repton kennen, von dessen Ideen er zutiefst beeinflusst wurde.

Nach einer zweiten Reise 1826 bis 1829 kehrte der Fürst nach Muskau zurück, wo er auf 770 ha einen Park anlegen ließ. 1846 geriet er in finanzielle Schwierigkeiten und zog sich nach Branitz zurück, einem nahe gelegenen, überschaubareren Landsitz der Familie. Hier legte er einen englischen Landschaftspark mit Rosengarten, blauem Garten und Venus-Garten inmitten eines Sees an. Seine spektakulärsten Schöpfungen waren zwei Pyramiden. »Gräber sind die Gipfel ferner, neuer Welten«, sagte der Fürst im Sterben.

PORTMEIRION, GWYNEDD, WALES, ENGLAND. Sir Clough Williams-Ellis war ein begnadeter walisischer Architekt, Planer und Gartenvisionär. 1925 kaufte er das Anwesen Aberia im nördlichen Wales, unweit seiner Heimat in Plat Bron Danw. Zuerst wurde das vorhandene Haus in ein Hotel umgebaut, während der folgenden 30 Jahre verteilte er auf dem Grundstück in Portmeirion eine exzentrische Sammlung von Gebäuden. Sie bestehen zu großen Teilen aus Funden von Abrisshäusern. Ein zweiflügliger Pavillon mit Säulenfront, der Platz für ein Busdepot machen musste, wurde aus Bristol hierher transportiert. So entstand ein Ambiente, in dem sich der Besucher wie an der italienischen Riviera fühlt.

Die Sammlung interessanter Gebäude und italienischer Gärten hat viele Privatpersonen und Organisationen angeregt, sich stärker für den Erhalt historischer Gebäude in ihrer ursprünglichen landschaftlichen Umgebung einzusetzen.

OBEN: *Gartenbauten und Follies in Larchill wurden von den Besitzern Mike und Louisa de las Casas liebevoll restauriert.*

RECHTS: *Durch imposante Bögen gelangt man von allen vier Seiten in den Garten. Sie sind aus Geweihen gebaut, die die Elche im nahe gelegenen nationalen Elchgehege abgeworfen haben.*

LARCHILL, KILCOCK, COUNTY KILDARE, IRLAND. Larchill ist ein einmaliges Beispiel für einen original erhaltenen arkadischen Garten des frühen 18. Jahrhunderts. Der 1715 angelegte Park schlägt eine Brücke zwischen den frühen formalen Gärten und dem naturalistischen Stil der Landschaftsgestaltung im späten 18. Jahrhundert. Zehn Gartengebäude aus dem 18. Jahrhundert sind noch erhalten, eines davon ist das hier abgebildete Miniaturfort.

Das Schloss im See, komplett mit Bollwerken, Türmchen und Schießscharten, heißt Gibraltar, weil die Insel im See angeblich die gleiche Form wie der Felsen von Gibraltar hat.

Mary Delaney, berühmt für ihre Tagebücher, Papiermosaiken und Blumenkunst, besuchte Larchill im Jahre 1778. Sie schrieb in einem Brief an ihre Schwester:

> »Mein kleiner Patensohn (der spätere Earl of Mornington) ist Gouverneur des Forts und Admiral. Er hat zu meinem Empfang alle Flaggen gehisst. Und er war kein bisschen gekränkt, als ich die Ehre, durch Salutschüsse von Fort und Schiff begrüßt zu werden, dankend ablehnte.«

GEWEIHBOGEN, JACKSON HOLE, WYOMING, USA. Für dekorative Blickfänge verwendet man seit jeher die ungewöhnlichsten Materialien. In diesem Garten in Wyoming kann man vier Bögen aus Elchgeweihen bewundern.

OBEN: *Der gewundene Weg zu diesem Gartenhaus erzeugt einen geradezu verwirrenden Eindruck von Bewegung, der den Betrachter an eine Zeichnung von M.C. Escher erinnert.*

GARTENHAUS, BUCKLAND MONCHORUM, CORNWALL, ENGLAND. Das Gartenhaus wurde 1945 von einem Mr. Fortescue und seiner Frau erworben. Er war Hausmeister in Eton gewesen, und man munkelt, dass die selteneren Pflanzen in diesem Garten aus Stecklingen herangezogen, wurden, die ehemalige Schüler in Eton stibitzt hatten.

Keith und Ross Wiley kauften das Haus nach dem Tod der Fortescues. Sie haben den Garten erweitert, heute enthält er über 6000 verschiedene Pflanzen. Der schmale Streifen zwischen dem Tennisplatz und dem *bowling green* wurde in ein Labyrinth aus gewundenen Pfaden verwandelt, dessen verschlungene Optik fasziniert.

OBEN: *Herzstück dieses Gartens in Dorset ist eine Reproduktion des Braemar Castle. Ein Ringgraben, der von einem Bach gespeist wird, umgibt die Burg. Das fließende Wasser treibt auch die kleine Wassermühle an.*

Bungalow Courtyard Garden, Wimborne, Dorset, England. In der Grafschaft Dorset gibt es den Riesen von Cerne Abbas, die spektakulären Ruinen des Corfe Castle und Chesil Beach – alles in großem Maßstab. Das entgegengesetzte Extrem zeigt der Garten von Mr. und Mrs. Steele mit seinen architektonischen Miniaturen aus Beton. In Dorset geboren und aufgewachsen lernte das Paar sich mit 14 Jahren kennen und heiratete mit 18. 1947 kauften sie ihr Haus, und während der nächsten 40 Jahre widmeten sie ihre Freizeit der Gestaltung des Gartens.

»Grüne« Architektur

unten: *Wie Hon. Dame Miriam Rothschild sagt, ist »das Haus in geradezu lächerlicher Weise von Kletterpflanzen überwuchert. Ich empfinde es als Refugium. Im Efeu leben Ratten und Mäuse, Fledermäuse und Unmengen Vögel – sogar ein Wintergoldhähnchen.«*

rechts: *Lady Wynne-Jones und ihr Stadthaus in Chelsea im vollen Schmuck für das Weihnachtsfest 1998.*

Ashton Wold, Peterborough, Cambridgeshire, England. Im 19. Jahrhundert zeigten die Rothschilds ihren Reichtum und ihre Macht, indem sie prächtige Häuser inmitten wunderbarer Gärten bauen ließen. Damals begründete auch Lionel de Rothschild seine beeindruckende Sammlung von Rhododendren und Azaleen in Exbury, Hampshire.

Dame Miriam, jetzt 90 Jahre alt, verbrachte viel Zeit damit, die Gärten um ihr Anwesen Ashton Wold wieder in natürliche Wiesen zurückzuverwandeln. Dieser Stil machte sie berühmt. Die Fassade des Hauses verschwindet fast völlig hinter einem wild wuchernden Dickicht aus Klematis, Glyzinien, Efeu und Brombeeren.

Stadthaus, Chelsea, London, England. Das Dickicht vor dem Haus wurde vom Butler der Lady gepflanzt, der Weiden, Apfel- und Kirschbäume aus ihrem ehemaligen Garten hierher holte. Sie fügte Kletterpflanzen sowie eine Reihe von künstlichen Pflanzen hinzu, die im Wechsel der Jahreszeiten ausgetauscht werden.

Lady Wynne-Jones begeistert sich ebenso für die etwa 20 exotischen Vögel, die sie gerettet hat. Sie leben in großen Volieren im Haus und im Freien. Sie duldet, dass fünf Finken im Kronleuchter nisten – schließlich sei das deren exzentrische Wahl, nicht ihre!

Und sie freut sich, wenn Kinder kommen, um die Fassade zu bestaunen, denn sie glaubt, »dass emotionale Stabilität stark mit dem Kontakt zur Natur zusammenhängt, den man als Kind hatte. Ich weiß nicht, was ich ohne Bäume tun sollte. Die Natur bringt uns dem Göttlichen nahe.« Sich selbst hält sie für »eine originelle Person«, aber nicht für eine Exzentrikerin. Früher schrieb sie Reden für Premier Harold Wilson, heute setzt sie sich für den Erhalt der Bausubstanz ihres geliebten Chelsea ein.

WIMPOLE STREET, LONDON. Seit fast 200 Jahren gelten die Wimpole Street und die Harley Street in Londons Westend als Adressen, wo es den besten und teuersten ärztlichen Rat in England gibt. Der Arzt, der in diesem Haus praktiziert, hat die gesamte Fassade hinter Kletterpflanzen versteckt. Dadurch erübrigen sich Jalousien oder die sonst unvermeidlichen gerafften Stores.

OAK SPRING GARDENS, UPPERVILLE, VIRGINIA. Vor vielen Jahren gestalteten Gartendesigner einen kleinen Garten für eine sehr reiche Amerikanerin um. Alle Anweisungen über die Anlage wurden von New York oder Palm Beach gegeben. Als die Kundin kam und den Garten sah, murrte sie in ihrem breiten Ostküsten-Slang: »Aber ich wollte einen schlichten italienischen Garten, so wie den von Bunny Mellon.« Die Geschäftsbeziehung nahm ein jähes Ende, als einer der Designer vorschlug, sie solle doch Basilikum in alten Kaffeebüchsen ziehen.

Mrs. Paul Mellon ist eine geschickte Gärtnerin und Gartengestalterin. Im Laufe von vier Jahrzehnten hat sie in Oak Spring einen wundervollen Garten entstehen lassen. Ein Bogengang aus akkurat geschnittenen Holzapfelbäumen verbindet Hauptgebäude und Bibliothek. Die blühenden Pflanzen zu Füßen der Bäume werden im Wechsel der Jahreszeiten ausgetauscht.

OBEN: *Passanten können das Wartezimmer dieser Arztpraxis in der Wimpole Street nur ahnen, und die Patienten im Haus können durch die Blätter der von wildem Wein überwucherten Fassade auf die Straße spähen.*

RECHTS: *Der Bogengang in Oak Spring braucht viel Pflege. Bunny Mellon mit ihrem »schlichten italienischen Garten« ist vielleicht der einzige Mensch, der sich eine so arbeitsintensive Anlage leisten kann.*

3 Verliebt in Blüten

RECHTS: *Diese japanische Chrysantheme wurde zu einer Kuppelform,* ozukuri *genannt, gezogen. Alle Blüten wachsen an einer einzigen Pflanze.*

Ich habe dich nicht vergessen, und ich habe viel von dem frühen weißen Geißblatt gepflanzt, um deine Nase zu entzücken, wenn du im April oder Mai zu mir kommst . . . Noch sind nicht alle Blumen verwelkt . . . Gestern habe ich einer Levkoje den Vorwurf gemacht, es sei unnatürlich, mitten im November zu blühen, und heute hat sie ihre Blüten geschlossen. Nie habe ich mehr Gehorsam erlebt.

LADY MARY COKE *an ihre Schwester Lady Stafford (November 1768).*

Die Obsession für Blumen kann viele Formen haben. Sie kann sich auf eine einzelne Blüte oder auf jede beliebige Menge richten. Der 12 m hohe Blumenhund vor dem Guggenheim-Museum im spanischen Bilbao ist ein beeindruckendes Beispiel für die Faszination der großen Masse.

Dekorative Blumenbeete kamen in der Mitte des 19. Jahrhunderts in Mode, als Forscher aus Südafrika und Nordamerika Pflanzen mit ungewöhnlichen, leuchtend bunten Blüten mitbrachten. Einige der ersten Importe waren sehr empfindlich und man hätschelte sie in Gewächshäusern, doch Jahrzehnte später bevölkerten robustere Arten die Rabatten der viktorianischen und edwardianischen Villen. Geometrische Muster, Tierformen, Wappen und Rokoko-Motive waren besonders beliebt.

Die Rothschilds begeisterten sich im späten 19. Jahrhundert für die Anlage von teppichartigen Blumenbeeten auf ihren Ländereien in Buckinghamshire (»Rothschildshire«). Gäste, die am Freitagnachmittag anreisten, bestaunten die komplexen Muster – wenn sie am Samstagmorgen erwachten, entdeckten sie, dass über Nacht alle Pflanzen ausgetauscht worden waren und sich ein völlig anderes Bild bot.

In Halton House experimentierten die Rothschilds auch mit senkrechten und dreidimensionalen Beeten. Gardeners Chronicle beschreibt 1899 ein »kissenartiges Beet, das durch seine Bepflanzung aussieht wie eine riesige Ottomane mit Kordeln und Quasten«. Es war das erste Blumengebilde, das auf einem Gerüst aus verzinktem Draht gestaltet war.

Dreidimensionale Blumenskulpturen waren die Alternative viktorianischer Gärtner zum Formschnitt. Bald zierten sich auch öffentliche Parks mit Möbeln und Treppen, einer Orgel und sogar einem Ehrenmal aus Blumen. Diese Form der Blütenbesessenheit stirbt nie aus, und noch heute prunken roten Salvien neben gelben Ringelblumen in vielen Vorgärten und Blumenkästen. In Chelsea, wo die berühmteste Blumenausstellung der Welt stattfindet, ist immer mindestens eine blumenüberladene Absurdität zu bestaunen, die irgendein englischer Gartenbauverein beigesteuert hat.

ARLEY HALL, KNUTSFORD, CHESHIRE, ENGLAND. Der Garten von Arley Hall ist berühmt für seine Staudenbeete. Mit knapp über 100 m gehören sie zu den längsten in England. Sie wurden 1846 angelegt, fast ein halbes Jahrhundert bevor William Robinson und Gertrude Jekyll winterharte Stauden in Mode brachten.

Den Hintergrund der Beete bilden 3 m hohe Eibenhecken. Sie haben alle 4,5 m einen Vorsprung, der die Beete in Abschnitte unterteilt. So ist es einfacher, die Farbharmonien aufeinander abzustimmen. Zur Zeit sind die Beete am einen Ende blau, dann ändern sich langsam die Farben bis hin zu leuchtendem Gelb und Rot am anderen Ende.

KYOTO UND TOKYO, JAPAN. Die japanische Kultur und Philosophie unterscheidet sich erheblich von der Europas. Dieser Gegensatz wird in der Gartengestaltung und im Umgang mit den Pflanzen besonders deutlich. Im Westen geben sich die Gärten meist »natürlich«, auch wenn sie in Wahrheit kunstvoll angelegt und gepflegt werden, wie etwa bei Staudenbeeten. In Japan herrscht eine derart rigide Kontrolle, dass Bäume oder Sträucher manchmal über Jahrhunderte in exakt gleicher Höhe gehalten werden.

Ein anderes Extrem der japanischen Pflanzenkultur ist die Formgebung einer Chrysanthemenart, die *saga-giku* genannt wird. Eine einzelne Pflanze wird zu einer Kuppel, *ozukuri* genannt, geformt. Der wichtigste Tag für die Präsentation dieser in Japan heimischen Pflanze ist der 5. November, der Höhepunkt des Herbstfestes. Die Chrysanthemen-Schau dauert den ganzen Monat, der in Japan traditionell auch der Monat der Hochzeiten ist.

LINKS: *Gartenanlagen in solchen Dimensionen verlangen vom Besitzer schon eine gewisse Besessenheit. Die Staudenbeete von Arley Hall haben bis heute nichts von ihrer Faszination verloren. Das ist vor allem Lady Ashbrook zu verdanken, die sich jahrelang engagiert um die Anlagen gekümmert hat.*

RECHTS: *Diese Kaskadenform der Chrysanthemen wird* kengai *genannt. Aus dem Wurzelballen einer einzelnen Pflanze kann eine Blütenschleppe von bis zu 2 m wachsen.*

LINKS: *Die Blumenkästen am Lloyd Baker-Gebäude blicken auf den Percy Circus im Londoner Norden. Ein vorübergehender Journalist entdeckte die Pracht und erwähnte sie in einer Lokalzeitung. Kurz darauf wurde der Kasten zum schönsten des Viertels gekürt.*

RECHTS: *Der Schwarm blumiger Vögel auf der Insel Mainau stammt aus dem 19. Jahrhundert und erfreut noch immer die Sommergäste.*

PERCY CIRCUS, LONDON, ENGLAND. Londons Blumenkästen sind die kleinsten Gärten der Stadt. Manche hängen prächtig vor den Fenstern, andere wirken eher verloren. Es liegt in der Hand des Besitzers, wie viel Charme sie versprühen.

Die Begeisterung für ein kleines Stück Erde kann erstaunliche Formen annehmen und es ist nicht unmöglich, einen überquellenden englischen Bauerngarten im Miniaturformat zu gestalten, der jeden zufällig nach oben blickenden Passanten fasziniert.

INSEL MAINAU, BODENSEE, KONSTANZ, DEUTSCHLAND. Ursprünglich stand auf der Mainau ein Kloster. Im 19. Jahrhundert ging die Insel in den Besitz der Großherzöge von Baden über. Wie viele Adlige seiner Zeit interessierte sich Großherzog Friedrich für seltene Bäume und Sträucher, die erst vor kurzem nach Europa gelangt waren. Zwischen 1860 und 1880 wurden vor allem Zedern und Rotholz gepflanzt und Terrassen im italienischen Stil angelegt.

1932 erbte der schwedische Graf Lennart Bernadotte die Insel. Er erweiterte die Gärten auf ihre heutige Größe von 30 ha und machte sie zu einer Attraktion für Touristen wie Botaniker. Es gibt einen Tropischen Garten mit Palmen, Eukalyptus und Bananen, die im Winter in großen Gewächshäusern untergebracht werden. Der Rosengarten besitzt 30 000 Pflanzen und faszinierende Pergolen.

ASHTON WOLD, PETERBOROUGH, CAMBRIDGE, ENGLAND. Auf Hon. Dame Miriam Rothschild wurden wir auf einer Chelsea Flower Show in den 1970er Jahren aufmerksam. Sie vertrat die neue Idee, als Alternative zu Staudenbeeten bunte Wildblumenwiesen anzulegen. Das war damals für niemanden ein Thema, aber es schien eine großartige Alternative zu den anderen, arbeitsintensiven Gestaltungsformen der englischen Gärten darzustellen.

Dame Miriam sammelte ihre Blumensamen auf verlassenem Brachland. Sie stellte eine Mischung zusammen, die sie »Bauern-Alptraum« nannte und die aus wilden Margeriten, Rainfarn, Kornblumen, wilden Ringelblumen, Kornrade und zweierlei Mohn bestand.

Später beriet Dame Miriam den Prinzen von Wales bei der Anlage seiner Wildblumenwiesen in Highgrove. Hier wurden auch Tulpen und Camassia in den Farben seines Rennstalls gepflanzt.

LINKS: *Dame Miriam inmitten ihrer Wildblumenwiese in Ashton Wold.*

RECHTS: *Susan Lee ist die Schöpferin des »Time Trail of Roses«, einem wundervollen Garten in Wells, Somerset. Besucher sind stets willkommen, und wer möchte, bekommt ausführliche Informationen über Geschichte und Kultur der einzelnen Sorten.*

TIME TRAIL OF ROSES, WELLS, SOMERSET, ENGLAND. Bei Wells in Somerset denkt man meist zuerst an die gewaltige Kathedrale aus dem 13. Jahrhundert oder an den Bischofspalast, auf dessen Ringgraben stets Schwäne dahinsegeln. In dieser Stadt lebt auch Susan Lee, deren Obsession die Geschichte der Rosen ist.

In dem 2000 m^2 großen Garten hinter ihrem Haus hält Susan Lee mehr als 1600 verschiedene Rosensorten. Sie hat sie in chronologischer Ordnung gepflanzt, beginnend mit den über tausend Jahre alten heimischen englischen Sorten. Der Pfad beginnt im frühen Mittelalter, führt durch die Zeit der Tudor und Stuart, dann folgen georgianische und viktorianische Rosen und schließlich Züchtungen unseres Jahrhunderts.

Die Sorten, die hier zu finden sind, reichen von der Rosa gallica über Damaszenerrosen und Albas bis zu Centifolien. Susan Lees persönliche Chronologie beginnt bei der wilden Hundsrose und endet mit *Smooth Angel*, der ersten dornenlosen Züchtung aus dem Jahre 1986.

4 Seltene Pflanzen und Riesengemüse

Nur vier Menschen auf der Welt interessieren sich für meine Pflanzensammlung – alle anderen hassen diese Pflanzen. Als ich in Arabien war, spürte ich eine spezielle Sympathie für die Stämme, die von der Kolonialregierung missachtet wurden. Mein Schöllkraut ist winzig, seine genetische Artenvielfalt jedoch wunderbar.

John Carter, Somerset, England.

Dies sind die Worte eines Pflanzenliebhabers. Alle Menschen, die wir in diesem Kapitel vorstellen, interessieren sich für eine bestimmte Pflanzengattung. Ursprünglich waren die Pflanzen vielleicht ihr Hobby, doch dann nahm das Interesse derart zu, dass eine Obsession daraus wurde. Viele Menschen mit solchen Symptomen haben bereits das Rentenalter erreicht und können all ihre Zeit und Energie den geliebten Pflanzen widmen.

Wir haben einen enormen Konkurrenzgeist unter den Pflanzenbesessenen beobachtet. Sie genießen die Seltenheit oder Einmaligkeit ihrer Sammlung. Ein anderes gemeinsames Merkmal ist ihre gewaltige Energie. Kein Weg ist zu weit, um eine ganz besondere Sorte, vielleicht mit gefüllter Blüte oder ausgefallener Farbe, zu ergattern, eine stimmigere Kombination von Blättern und Blüte oder die größte Frucht.

Typisch ist auch ein fast zwanghaftes Bedürfnis, anhaltend und begeistert über ihr Thema zu reden. Da wird weit mehr erzählt, als

RECHTS: *Ganna Walska präsentiert 1958 stolz ihre Sammlung von »Golden Barrel«-Kakteen und beeindruckenden* Euphorbia ingens *vor ihrem Haus in Montecito oberhalb von Santa Barbara, USA.*

man jemals wissen wollte und der Zuhörer mit Informationen überschwemmt. Allerdings sind solche Obsessionen oft interessanter als die Vorträge konventioneller Gärtner.

Im Gebiet der antiken Inka-Ruinen von Macchu Picchu in den Anden sind die Lycasten zu Hause, Orchideen, die nach einer Nymphe der griechischen Antike benannt sind – vielleicht ist ihr Name aber auch ein Anagramm des griechischen Wortes für schön, *calyste*. Aus der majestätischen *Lycaste longipetala,* einer Pflanze aus dem tropischen Nebelwald, haben englische Orchideenzüchter durch Kreuzung mit anderen exotischen und duftenden Lycasten aus Guatemala und Mexiko die *Lycaste Hera* gezüchtet, benannt nach der griechischen Göttin Hera, Tochter des Saturn und Gattin des Zeus.

Dr. Henry Oakley, Vorsitzender des Orchideenkomitees der Royal Horticultural Society, behauptet, sich für die schönen Lycaste- und Anguloa-Orchideen zu interessieren, ohne davon besessen zu sein. Er besitzt jedoch 25 000 Dias, hält fast alle bekannten Arten und etwa die Hälfte der registrierten Züchtungen und zieht jährlich einige Tausend Sämlinge heran. Bei seinen Streifzügen durch die Anden hat er etwa 20 neue Arten entdeckt. Außerdem zeigt er seine Pflanzen weltweit auf Ausstellungen.

OBEN: *Dr. Henry Oakley mit der Orchideenhybride* Lycaste *»Wyld Elf«.*

LINKS: *Das prächtige Exemplar einer »Golden Orb« wurde von der Royal Horticultural Society in London preisgekrönt. Mit einem Umfang von 2 m ist die Pflanze nichts für kleine Gewächshäuser, sie hat in nur drei Monaten über 70 Blüten getrieben.*

Wyld Court Regenwald, Hampstead Norreys, Berkshire, England. Auf knapp 2000 m^2 Gewächshausfläche wurden drei verschiedene Regenwald-Klimabereiche geschaffen. Die Mitarbeiter bieten Führungen an, bei denen man nicht nur über die tropischen Pflanzen informiert wird, sondern auch über den World Land Trust und sein Programm zur Erhaltung des Regenwaldes und anderer bedrohter Lebensräume. Dem Trust gehören heute über 100 000 ha Wald und anderes Land. Er betreibt Projekte in Brasilien, Ecuador, Costa Rica und auf den Philippinen.

Ein Besuch in Wyld Court ist ein faszinierendes Erlebnis. Man fühlt sich wie in das Amazonasbecken versetzt, schlendert unter Pflanzen mit gewaltigen Blättern, genießt den Duft von Orchideen und lauscht den Geräuschen der Tiere.

OBEN: *Drei Liebhaber tropischer Pflanzen in einem Bromeliendschungel. Einer von ihnen hat auch eine besonders enge Beziehung zu Moosen.*

LINKS: *Roger Grounds späht in Apple Court durch die Halme eines Miscanthus im Winterkleid.*

APPLE COURT, HORDLE, HAMPSHIRE, ENGLAND. Roger Grounds ist Englands führender Experte für Ziergräser und Autor von zwei Büchern über dieses Sachgebiet. Er pflegt in seinem Garten in Hampshire die nationale Gräser-Sammlung, seine Frau die der Taglilien. Doch keiner von beiden teilt die Obsession des anderen.

CARNIVOROUS PLANT NURSERY, LONDON, ENGLAND. Einige Pflanzengattungen besitzen die Fähigkeit, tierisches Gewebe zu verdauen. Sie absorbieren die Nährstoffe und decken damit ihren Stickstoffbedarf. Fleisch fressende Pflanzen fangen ihre Beute mit verschiedenen Mitteln: mit klebrigen Säften, mit Fallen, manchmal auch mit einer Kombination aus beidem. Sonnentau, Fettkraut und die Venusfliegenfalle sind besonders interessante Arten, denn sie bewegen sich, um ihre Beute zu fangen.

STAPELY WASSERGÄRTEN, NANTWICH, CHESHIRE, ENGLAND. Barbara und Ray Davies sind die Besitzer dieser Zuchtgärtnerei für Wasserpflanzen, eine der führenden Europas. Ihnen gehören außerdem die Wassergärten von Latour-Marliac im Lot-et-Garonne, einer Region, die Stendhal die »Toskana Frankreichs« nannte. Sie liegt in Temple-sur-Lot, einem 150-Seelen-Dorf und wurde in der zweiten Hälfte des vorigen Jahrhunderts von Joseph Bory Latour-Marliac gegründet, der eine Leidenschaft für Seerosen entwickelte. Er schrieb ein Handbuch über die Kreuzung von Seerosen und bereiste die ganze Welt, um neue Sorten zu finden.

Bei seiner Rückkehr nach Frankreich begann Latour-Marliac, die Samen in halbierten Weinfässern heranzuziehen. Später ließ er Teiche bauen, in denen er etwa 140 Seerosensorten kultivierte. Unter diesen war auch die erste kommerzielle gelbe Seerose »Marliacea Chromatella«. Aus dieser Gärtnerei bezog Claude Monet die Seerosen für seine berühmten Gärten in Giverney, die durch seine Gemälde unsterblich wurden.

RECHTS: *Chris Heath, ein passionierter Züchter Fleisch fressender Pflanzen, ist auch auf der Chelsea Flower Show vertreten. Hier sieht man ihn vor einigen seiner wertvollen Venusfliegenfallen.*

UNTEN: *Pflanzenliebhaber scheuen keine Mühe, wenn es um das Objekt ihrer Begierde geht. Hier steht Ray Davies bis zu den Hüften im Wasser – inmitten der Seerosen aus der Nationalen Seerosen-Sammlung von Burnaby Hall in Yorkshire.*

LOTUSLAND, MONTECITO, KALIFORNIEN, USA. Ganna Walska (1888–1984), die polnische Schönheit und Opernsängerin, war eine Zierde des letzten Zarenhofes. Ihre Nichte, Hania Tallmadge, beschreibt es am besten: »Sie war wegen vieler Dinge berühmt. Wegen ihres Schmucks. Wegen ihrer Kleider. Wegen ihrer Schönheit. Wegen ihrer Ehemänner. Und jetzt wegen ihres Gartens.«

Ganna Walskas Kleider und Bühnenkostüme wurden von großen Couturiers wie Erté und Callot entworfen. Ihre Garderobe, die auch eine Sammlung antiker Gewänder enthielt, wurde dem Los Angeles Museum of Art gestiftet. Sie war sechsmal verheiratet, zweimal mit amerikanischen Millionären. Lotusland ist Ganna Walskas Schöpfung. Seit der Garten 1941 angelegt wurde, übernahm sie die Rolle der Gärtnerin. Noch mit 90 Jahren durchwanderte sie mit Hilfe von zwei Stöcken das 15 ha große Anwesen zweimal täglich. Der Garten ist in mehrere Bereiche gegliedert, in denen Farne, Bromelien, Palmfarne, Kakteen und Dracenen wachsen. Außerdem gibt es einen japanischen und einen blauen Garten, einen Garten der Tierkreiszeichen, eine Blumenuhr und ein Theater.

In den 1970er Jahren verkaufte Ganna Walska einen Teil ihrer berühmten Juwelen für eine Million Dollar, um den Cycad-Garten anzulegen. Mit 500 seltenen Palmfarnen ist er heute die zweitwichtigste Sammlung der Welt. (Foto: Robert Glenn Ketchum)

LINKS: *Der Abalone-Muschelteich in Lotusland ist ein brillantes Beispiel für Ganna Walskas gestalterisches Geschick. Die Inseln bestehen aus Tuffstein, aus riesigen Muschelschalen steigen Fontänen.*

RECHTS: *Madame Walska mit ihren geliebten Agaven, ihrer Porträtbüste und den prächtigen Perlen, die, wie es Virginia Woolf in »Orlando« formulierte, »wie die gigantischen Eier einer riesenhaften Mondspinne« schimmern.*

LINKS: *Manchmal wirft der Schnee einen zarten Schleier über das grüne Paradies der Langley Buchsbaum-Gärtnerei in Hampshire.*

LANGLEY BUCHSBAUM-GÄRTNEREI, RAKE, HAMPSHIRE, ENGLAND. Die Gärtnerei ist nicht leicht zu finden. Überquert man eine zweispurige Straße und biegt dann in einen kaum benutzten Weg voll tiefer Schlaglöcher, der durch einen Wald voller Farne zu den Überresten eines viktorianischen Anwesens führt. Schließlich erkennt man ein unscheinbares Schild »Zur Gärtnerei«. Doch der Weg lohnt sich. Elizabeth Braimbridge und ihr Mann, ein Arzt im Ruhestand, besitzen die schönste Buchsbaumzucht in ganz England. Da gibt es kleine Pflanzen und große, in Form geschnittene und solche, die noch auf den Formschnitt warten, Buchs in Töpfen, Buchs im Freiland sowie Pflanzen mit Schildern, auf denen »Bitte nicht berühren« oder »Unverkäuflich« steht. Die Besitzerin der ganzen Pracht ist sehr hilfsbereit und beantwortet gern alle Fragen ihrer Besucher. Die abfahrenden Autos sind beladen mit Pflanzen, die zu robusten, immergrünen Prachtstücken heranwachsen.

KYOTO UND TOKYO, JAPAN. *Koten engei*, die Zucht der Cymbidium-Orchidee, ist eine nationale Obsession in Japan, die im 13. Jahrhundert ihren Ursprung hat. Im 17. Jahrhundert führten die Shoguns in Edo (Tokyo) *Koten engei* und andere klassische Künste der Samurai zu einer Hochblüte.

Barry Yinger, Züchter in Pennsylvania und führende Autorität auf dem Gebiet der Cymbidien, hat Japan viele Male bereist. Das Interesse der Züchter richtet sich vor allem auf Asarum (wilder Ingwer). Liebevoll herangezogene Exemplare werden unter Tausenden von Sämlingen ausgewählt. Preisgekrönte Züchtungen können einen Wert bis zu 250 000 Dollar haben, einfache Exemplare gibt es aber schon für 2,50 Dollar pro Topf.

OBEN: *Die Beurteilung von Cymbidien folgt strengen Richtlinien. Es wird die Stellung des Blattes zum Stiel begutachtet, ferner die Stellung oder Überlappung der beiden Blatthälften, Farbe und Form der Blätter sowie Höhe und Form der ganzen Pflanze.*

UNTEN: *Ken Dade, Preisträger bei der Bath and West Show in Somerset 1998, präsentiert einen seiner Kürbisse.*

UNTEN RECHTS: *Ian Neale hält den Weltrekord mit der schwersten Rote Bete – sie wiegt 18,3 kg.*

THE BATH AND WEST SHOW, SOMERSET, ENGLAND. Die Welt der Gärtnerei treibt sonderbare Blüten. Dazu gehören Gärtner mit einer Obsession für Riesengemüse. Sie wählen drei oder vier Sorten aus, an denen sie ihr Geschick erproben, mit ausgeklügelten Düngergaben überdimensionale – aber in der Regel geschmacklose – Exemplare heranzuziehen.

Jedes Jahr im Herbst werden die Prachtstücke auf Ausstellungen präsentiert. Ian Neale, Gewinner zahlreicher Preise, sagt, dass das Geheimnis seines Erfolges gar kein Geheimnis sei. Es gehe einfach darum, die beste Kombination von Saatgut, Wasser und Dünger zu finden, dazu kommen gute Pflege und etwas Glück. Indem er die Pflanzen aus einer Reihe von Sämlingen selektiert und die Samen über vier Generationen weiterkultiviert, kennt er sogar den Stammbaum seiner Gewinner.

Viele preisgekrönte Gemüsezüchter leben in Nordengland, wo die Konkurrenz groß und manchmal auch hinterhältig ist. Die Rivalen schließen sich zu Banden zusammen. Mit Baseballschlägern bewaffnet, demolieren sie die Prachtexemplare der Konkurrenten kurz vor der Ausstellung. Sie nehmen auch heimlich Bodenproben, um dem Geheimnis des Erfolges auf die Spur zu kommen. Selbst das Vergiften von Dünger und das Stehlen oder Zerstören kostbarer Sämlinge ist nicht unter ihrer Würde. All diese Gemeinheiten sind die Folgen von Neid und falschem Ehrgeiz. Natürlich spielt auch das Preisgeld eine Rolle, das bis zu 30 000 DM betragen kann.

LINKS: *Mrs. Goddard ist stolz auf ihre Zierkürbisse.*

UNTEN: *Mit diesen Exemplaren hat Mrs. Goddard erste Preise in der Klasse der Riesengemüse bei der Bath and West Show in Somerset 1998 gewonnen.*

RIESENKÜRBISSE, HERON HOUSE, SOMERSET, ENGLAND. Tricia Goddard züchtet Zierkürbisse. Diese Früchte wachsen schnell und sind einfach zu pflegen, doch sie faulen leicht. Heute beschäftigt sie sich nur noch mit hartschaligen Sorten. Besonders fasziniert ist sie von Kürbissen, die aus antiken Kulturen stammen und wegen ihrer Formen und Farben ebenso geschätzt wurden wie wegen ihres praktischen Nutzens. Mrs. Goddard bezieht ihre Samen aus England, aber auch aus den USA, Frankreich und Mallorca. Dank ihrer langen Erfahrung hat sie mit ihren Kürbissen viele Preise bei Ausstellungen von Riesengemüsen gewonnen. Ihr größter Kürbis war 1,7 m lang. Während der Wachstumsperiode wachsen solche Kürbisse täglich bis zu 7 cm.

In Indien, Afrika und Südamerika werden Kürbisse zu Flaschen, Vorratsbehältern oder Löffeln verarbeitet. Auch im mittelalterlichen Europa, als man noch keine Flaschen aus Glas kannte, trugen die Pilger auf ihren Reisen nach Canterbury, Santiago di Compostela oder Rom ihr Wasser in diesen ungewöhnlichen, wasserdichten und getrockneten Gefäßen mit sich.

5 Skulpturen

RECHTS: *Orso, der Alaska-Grisli, als Bronzestatue in einem Garten in Bel Air, USA.*

... die alten Römer waren überaus verschwenderisch. Sie scheuten keine Kosten, um ihre Straßen mit kuriosen Figuren (Statuen) zu verzieren ... Diese Anmaßung – gewiss eine der verzeihlichen – ging auf die Italiener über, deren Gärten ein Spiegel der Welt sind – sowohl wegen ihrer Dekorationen als auch wegen der exzellenten Pflanzen, die in ihnen gedeihen.

JOHN WORLIDGE, Systema Horti-Culturae oder The Art of Gardening (1677)

Gartenhistoriker vermuten, dass die Verwendung von Gartenskulpturen in Westeuropa auf die religiösen Bräuche der griechischen Antike zurückgeht. Der Dionysos-Kult war in seiner frühesten Form dem Schutz der Bäume gewidmet, und so stellte man Abbilder des Gottes aus Holz her. Es heißt, dass der darüber erfreute Dionysos seinen Anhängern den Wein schenkte. Daraufhin schlug man sein Bild, ebenso wie die von Pan und Silen, aus Stein und verzierte es mit Efeu, Weinlaub und Trauben.

Viele römische Statuen stammten aus den Werkstätten von Aphrodisias (Geyre in der heutigen Türkei). Ausgrabungen in Pompeji beweisen, dass die Gärten der größeren Stadthäuser reich mit Statuen geschmückt waren. Statuen säumten Kolonnaden, andere standen in der Mitte der Innenhöfe, wo sie dekorativen wie religiösen Zwecken dienten.

Die Päpste, Kardinäle und Adligen des 16. und 17. Jahrhunderts waren passionierte Sammler von Statuen, mit denen sie die Gärten ihrer Villen und Paläste dekorierten, auch mit vielen Stücken aus dem antiken Griechenland und Rom. Diese Begeisterung für die Antike führte dazu, dass viele Statuen aus der Hadriansvilla in Tivoli, vom Forum Romanum und aus den ehemaligen römischen Städten in Nordafrika und Vorderasien entfernt wurden.

Die Mode breitete sich bald über ganz Europa aus. Lord Lumley ließ in den 1560er Jahren Statuen aus Italien für die Gärten seines Palastes Nonsuch importieren. Er sammelte Statuen der Diana, Göttin der Tugend, als besondere Ehrung der Königin Elisabeth I. Fast 200 Jahre lang wurden Statuen importiert. Auch Lord Burlington kaufte in Italien Statuen für Chiswick-House in London.

Im 19. Jahrhundert erlebten die Gartenstatuen erneut eine Blüte. Der Mittelstand in Europa und den USA wuchs, und gleichzeitig entstand eine Massenproduktion von Dekorationsobjekten aller Art aus Gusseisen und Zementguss, um die formalen Gärten jener Zeit auszustatten.

Vielfalt ist das Schlüsselwort für die Gartenskulpturen unseres Jahrhunderts. Es gibt alles, von antik bis modern und exzentrisch – als Original und als Reproduktion. Die Beispiele in diesem Kapitel reichen von der Statue der Diana bis zu Gartenzwergen.

Gartenhof, Amsterdam, Holland. Pieter Brattinga ist ein bekannter holländischer Designer und Kunstprofessor. Ende der 1950er Jahre lebte er in Amerika. Es ist schwer zu sagen, ob es holländische Sparsamkeit oder das in Amerika gerade aufkommende Umweltbewusstsein war, das ihn veranlasste, alle Holzkisten, in denen er seine Bücher mitgebracht hatte, aufzubewahren. Genau diese Kisten sind heute sauber an einer Wand seines kleinen Gartenhofes aufgestapelt und dienen als Lagerregal für Kaminholz. Mitten dazwischen steht eine lebensgroße Gipskopie der Venus von Milo. In den 1960er und 1970er Jahren waren in der Kunst klassische oder sogar lebende Modelle nicht mehr gefragt. So war die Venus überflüssig und auf dem Müll gelandet – von wo Brattinga sie rettete.

OBEN: *Die Statue der Venus von Milo steht zwischen ordentlich gestapeltem Kaminholz im Gartenhof eines holländischen Designers.*

Fruchtbarkeitsschrein, Bangkok, Thailand. Thailändische Frauen kennen seit Alters her viele Rituale, um ihre Fruchtbarkeit zu sichern oder zu vergrößern. In diesem Dienst steht auch dieser Schrein mit seinen 1–2 m großen Phalli aus Holz und Stein – alles Opfergaben wie auch Jasminkränze, Kerzen und Räucherstäbchen.

Frauen, die den Schrein besuchen, bitten um Söhne, aber auch um profanere Dinge wie einen Gewinn in der Lotterie, eine bessere Arbeitsstelle, Erfolg in einer Prüfung oder einen geschäftlichen Profit.

Vor einigen Jahren wurde ein Hilton-Hotel direkt neben dem Schrein eröffnet. Man legte größten Wert darauf, dass der Eingang abgewandt vom Schrein lag, um empfindliche Gäste aus dem christlichen Abendland nicht zu schockieren – bis sie in die berüchtigten Sexclubs von Bangkok stolpern.

OBEN: *Dieser Fruchtbarkeitsschrein ist einem alten Geisterwesen der Thai gewidmet, Chao Mae Tuptim. Das thailändische Wort* Tuptim *bedeutet sowohl Granatapfel als auch Rubin.*

LINKS: *Césars Daumen steht im Garten der Galerie Beaubourg in Vence, dem Pariser Außenposten moderner Kunst im Süden Frankreichs.*

GALERIE BEAUBOURG, VENCE, FRANKREICH. Der riesige Daumen aus Stein stammt von César, einem Künstler der neo-realistischen Schule, der 1998 starb. Zu dieser Gruppe gehörten weitere Avantgarde-Künstler wie Yves Klein, Jean Tinguely und Niki de Saint-Phalle. César war Frankreichs bekanntester zeitgenössischer Bildhauer. Zwei seiner Objekte sind typisch für seinen Stil – eine Mauer aus Schrottautos und dieser aufgerichtete Daumen, der unzählige Male aus Plastik, Metall und Glas, sogar als handlicher Briefbeschwerer für den Schreibtisch, nachgebildet wurde.

FINCHLEY, LONDON, ENGLAND. Wir vermuten, dass der kopflose Hausmann gerade die Wäsche der Familie aufhängt, während seine Frau mit Nadelstreifen und Aktenköfferchen die Karriereleiter erklimmt.

OBEN: *Die exzentrische Figur aus Fiberglas wurde von Judy Wisemann an einem lebenden Modell gestaltet. Sie steht vor einem witzigen Gartenschuppen mit umweltfreundlichem Grasdach in einem Garten im Norden Londons.*

RECHTS: *Zu den gelungensten Überraschungen im Park der Villa Votalarca gehört diese Statue eines Mannes, der vom Ruf der Natur überrascht scheint.*

VILLA VOTALARCA, MARKEN, ITALIEN. Die Villa in den Marken an der italienischen Ostküste ist ein stattliches Anwesen aus dem 19. Jahrhundert. Das Gebäude stammt aus dem Jahre 1727, im 19. Jahrhundert wurde es vom Marchese Nicola Luzzi zu einem befestigten Schloss umgebaut. Im 6 ha großen Park gedeihen Ilex und Lorbeer, Pinien, Ulmen, Linden und riesige Bambuspflanzen. Die gewaltigen Kronen der ausgewachsenen Bäume zaubern eine geheimnisvolle Atmosphäre für die vielen Statuen, Gartenhäuser und *giocchi d'acqua* (Wasserspiele). Besucher des Parks stolpern wie zufällig über das Grab der Frau des Marchese, in eine Grotte oder über Bruchstücke alter Tempel wie Säulen und Sockel. Man entdeckt Amphoren, Statuen des Pan, eine Gärtnerhütte und ein Karussell, das tatsächlich funktioniert.

Zwergenreservat, West Putford, Devon, England. Tausend Gartenzwerge bevölkern das Reservat, das Ann Atkin eingerichtet hat. Sie ist über 60 und Großmutter, erinnert sich aber noch gern an ihre Jahre als Kunststudentin während der Hippie-Zeit. Ihre Obsession hat ihren Ursprung in den 1960er Jahren, als Zwerge in ihren Träumen erschienen. Der Garten ist in zwei Bereiche gegliedert. Ein ehemaliges Waldstück wurde ausgeholzt, sodass das Licht jetzt diffus durch die Blätter auf die Zwerge fällt. Die Figuren sind meist bemalt, viele von ihnen wurden nach Anns Vorstellungen angefertigt. Sie sind zu Gruppen arrangiert – als Teegesellschaft, Schulklasse oder Gemeinde beim Gottesdienst. Ein Zwerg hält acht Fröschen einen Vortrag, andere angeln, manche graben und wieder andere sonnen sich am Strand. Im Winter werden die Zwerge ins Haus genommen und bei Bedarf frisch bemalt.

Der andere Teil des Gartens ist eine Wildblumenwiese, durchzogen von Pfaden, an denen 250 verschiedene Nutzpflanzen mit Namensetiketten, viele davon Heilkräuter, wachsen. Zwischen den Pflanzen stehen Elfen, aus Holz gesägt und an Stäben befestigt.

Lamport Hall, Northamptonshire, England. Charles Edmund Isham, ein Adliger der viktorianischen Zeit, legte auf seinem Anwesen in Lamport einen großen Steingarten mit kleinwüchsigen Pflanzen und Zwergkoniferen an. 20 Jahre später bevölkerte er den Garten mit Porzellanfiguren, die er in Deutschland gekauft hatte. Bei der Übersetzung des deutschen Wortes »Gartenzwerg« unterlief Isham eine Ungenauigkeit, und so wurde er zum Vater der »Gartengnome« in England.

Isham behauptete, seine Gnome seien übernatürliche Wesen. Sein Interesse am Übernatürlichen veranlasste ihn, sich der Bewegung der englischen Spiritualisten anzuschließen. Berichten zufolge soll er »gespenstische Bergmänner« und »mehrere echte Elfen« gesehen zu haben. Isham besaß durchaus Humor und diskutierte gerne mit Freunden, was die Gnome wohl taten, wenn niemand hinsah. Fünfzig Jahre lang gab er sich solchen Spekulationen hin. Der letzte noch erhaltene Gartenzwerg, den er nach England brachte, ist heute für eine Million Pfund versichert.

LINKS: *Ann liebt besonders ihre Wildblumenwiese, wo sie an ihrer Staffelei fotografiert werden wollte. Zwei der Gemälde, die sie uns zeigte, stellen Zwerge in ihrem kosmischen Universum dar.*

RECHTS: *Dies ist der letzte Überlebende der deutschen Gartenzwerge, die Isham nach Lamport Hall brachte.*

LINKS: *Dieser Garten in Belfast ist von mindestens 60 Zwergen, Marienkäfern, Schmetterlingen, Backenhörnchen, Eichhörnchen, Schwänen, Fröschen und einem Fuchs bevölkert.*

RECHTS: *John Fairnington ist kein ausgebildeter Bildhauer. Keines der Tiere hat er je in natura gesehen, und er ist kaum einmal aus Whitley Bay herausgekommen. Seine Anregungen bezog er aus seiner Sammlung von Postkarten und Bildern aus Zeitschriften.*

Zwergengarten, Belfast, Irland. Dieser Garten entstand vor 18 Jahren, als Mr. und Mrs. James McCartan mit ihrer Familie in das Haus in Belfast zogen. Mit einem Delfin fing alles an, der Rest der Sammlung kam im Laufe der Jahre zusammen.

Acht Kinder gehörten zur Familie, sieben von ihnen sind noch am Leben. Die meisten Pflanzen und Dekorationen im Garten sind Geschenke der Kinder an die Eltern. Bis zu ihrem Tod vor drei Jahren war Mrs. Joyce McCartan die stolze Herrin und Pflegerin des Gartens. Auch nach ihrem Tod wird die Sammlung ständig erweitert, weil die Kinder den Garten als wachsendes Denkmal ihrer Mutter betrachten.

Zementmenagerie, Northumberland, England. Versteckt hinter einem Doppelhaus in Branxton, einem ruhigen Dorf in Northumberland mit einer einzigen Straße, liegt ein Garten voller Elefanten, Flusspferde, Giraffen, Kamele, Leoparden und Eisbären. Etwa 300 Figuren konkurrieren um Lebensraum. Sie sind lebensgroß und naturgetreu bemalt, aber unbeweglich, denn sie bestehen aus Zement. Die fröhliche Menagerie ist das Werk des örtlichen Tischlermeisters John Fairnington. Mit 80 Jahren begann er 1961, die Tiere für seinen behinderten Sohn zu modellieren.

Die größeren Tiere wie die 4 m hohe Giraffe, der Elefant und die Flusspferde wurden an Ort und Stelle modelliert. Sie sind mit Metallankern im Boden befestigt. Mr. Fairnington war überaus erfinderisch. Für den Hindu, der auf einem Kamel reitet und einen Stumpen raucht, verarbeitete er das künstliche Gebiss seiner Frau. Bis zu seinem Tod kurz vor seinem 99. Geburtstag schuf er unermüdlich neue Figuren.

LINKS: *Der Bildhauer David Lomax schuf die Bronzestatue des Elefanten Hoarusib.*

RECHTS: *Der afrikanische Gorilla Dojum sitzt mit seiner Enkeltochter unter einem Pfefferbaum. Dies ist die einzige Statue im Garten, die ein Tier in Gefangenschaft darstellt. Dojum steht in John Aspinalls Zoo in Port Lympne in England.*

HOARUSIB, BEL AIR, LOS ANGELES, USA. Unter einem Pfefferbaum steht in einem Garten oberhalb des Bel Air Country Club der sagenhafte Elefantenbulle Hoarusib aus Namibia, in Bronze gegossen. Seine Gefährten, ebenfalls aus Bronze, sind das Nashorn Toragamba aus Sumatra, der Alaska-Grisli Orso und der Gorilla Dojum.

John Aspinall ist ein Freund der Gartenbesitzer, die sich wie er für bedrohte Tierarten einsetzen. Er half ihnen, die Tiere in der freien Natur ausfindig zu machen. Die meisten Statuen sind Nachbildungen frei lebender Tiere. Hoarusib wird in Namibia als Held verehrt, weil er seine Familie vor Elfenbeinjägern rettete. Der Bildhauer David Lomax filmte ihn, ehe er ein Modell für den Guss herstellte.

LINKS: *Die beiden Weidenfiguren stammen von Beth Slater. Sie sind Teil der Ausstellung »The Mythic Garden« auf der Stone Farm.*

STONE FARM, CHAGFORD, ENGLAND. June und Kenneth Ashburner haben auf der Stone Farm am Rande des Dartmoor einen ungewöhnlichen Garten angelegt, der die nationale Sammlung von Erlen und Birken beherbergt. Die Bäume stehen in Wäldchen und Schonungen in einem natürlichen Feuchtgebiet. Jeden Sommer wird eine Skulpturenausstellung mit dem Namen »The Mythic Garden« veranstaltet.

RECHTS: *Der Hirsch aus langen, getrockneten Weidenruten wurde von Lynn Kirkham gestaltet. Die Zweige sind um einen lebenden Schössling geflochten, der das grünende Geweih des Hirsches bildet.*

OBEN: *Im Buddha-Park stehen die verschiedensten Skulpturen – von lebensgroß bis monumental.*

BUDDHA-PARK, WAT KHAEK, NONG KHAI, THAILAND. Dieses ungewöhnliche Wäldchen, versteckt im nordöstlichen Thailand, umgibt einen Tempel, der 1978 von dem Brahmanen, Yogi, Priester und Schamanen Luang Pu errichtet wurde. Er hat die buddhistische und hinduistische Mythologie, Philosophie und Symbolik zu einem geheimnisvollen Ganzen verschmolzen. Seine Philosophie gab die Anregung zur Entstehung der bizarren Zementstatuen von Shiwa, Vishnu, Buddha und anderen buddhistischen und hinduistischen Gottheiten und Helden. Traditionell muss jeder, der von Luang Pu Wasser zum Trinken annimmt, alle Besitztümer, die er bei sich trägt, dem Tempel übereignen. Besucher, die sich von ihren weltlichen Gütern nicht trennen wollen, sollten daher unbedingt ihr Trinkwasser in einer Feldflasche selbst mitbringen.

Sacred Park, Soweto, Südafrika. Man vermutet, dass 3 km unter der Erde von Soweto mehr Diamanten liegen als irgendwo sonst auf der Erde. Seit jeher gehören diese Diamanten wenigen Menschen mit weißer Haut, doch sie werden von vielen Menschen mit schwarzer Haut ans Licht befördert. Das Leben der Minenarbeiter ist kurz, hart und mühevoll.

Dieser »Heilige Park« wurde von der Stadtverwaltung mitten in der Stadt Soweto angelegt, um die Einwohner an ihre spirituellen Wurzeln zu erinnern. Ein Dinosaurier in halber Lebensgröße wurde 63 Millionen Jahre nach dem Aussterben dieser Tiere aufgestellt. Vielleicht soll er die Menschen mahnen, dass alles Leben vergänglich ist. Ganz in der Nähe sieht man die überlebensgroße Statue eines blauen Riesen mit dem Namen Keva Khayalendaba.

OBEN: *Der Riese Keva Khayalendaba hat für die Bewohner der Township eine spezielle religiöse Bedeutung.*

LINKS: *Die meisten Häuser in der Umgebung wurden abgerissen, doch der »Sacred Park« hat überlebt. Er wird gut gepflegt, und es kommen noch heute Besucher, um das Zwiegespräch mit dem blauen Gott und dem gewaltigen Dinosaurier zu suchen.*

LINKS: *Matthias Bernard Brauns Statue der Maria Magdalena.*

SCHLOSS KUKS, TSCHECHIEN. 1662 kaufte ein kaiserlicher General, der im Dreißigjährigen Krieg ein beträchtliches Vermögen erworben hatte, das Anwesen Hradiste, nördlich von Prag. Sein Sohn, Graf Frantisek Antonin Spork, baute das Erbe zu einem Kurbad, einem Gästehaus und einem Schloss um.

Rings um das Schloss lagen prächtige Barockgärten. Der Graf gab bei dem Tiroler Bildhauer Matthias Bernard Braun den Auftrag, eine Reihe von allegorischen Statuen der Tugenden und Laster zu entwerfen. Als Brauns Meisterwerke gelten jedoch die Statuen an der Straße zum Schloss, die direkt aus dem dort vorhandenen Felsen geschlagen sind. Sie erinnern an die Skulpturen, die Fürst Orsini in Bomarzo nördlich von Rom gestalten ließ.

RECHTS: *An der Straße zum Schloss Kuks wacht Johannes der Täufer, an Ort und Stelle aus dem Fels geschlagen.*

RECHTS: *Auch* Die Vision des Heiligen Hubertus *wurde von Braun aus dem Felsen geschlagen.*

Muschelgarten, Southbourne, Dorset, England. Obwohl der Schöpfer dieses berühmten, großen Gartens verstorben ist, kommen im Sommer noch immer Hunderte von Menschen hierher. Mit 15 Jahren begann George Howard, in einem Kohlebergwerk in Südwales zu arbeiten. Einige seiner Werkzeuge sind im Garten zu sehen. Später reiste er um die ganze Welt und sammelte Muscheln und andere Erinnerungsstücke. Anfang der 1930er Jahre kam er mit sieben Shilling und sechs Pence in Bournemouth an. Bald darauf begann er mit der Anlage seines Muschelgartens, den er bis zu seinem Tod unermüdlich weiter ausbaute.

OBEN: *Der Muschelgarten ist voll mit winzigen Höhlen, Brunnen, Sitzplätzen, Schreinen, Statuen, Spruchtafeln und Zitaten.*

GLASFIBERFIGUREN, WEST SUSSEX, ENGLAND. Anita Roddicks 4,5 ha großer Garten ist ebenso exzentrisch wie extravagant. Sie selbst beschreibt ihre Gartenleidenschaft mit folgenden Worten:

»Meine Mutter prophezeite mir, mit 40 Jahren würde ich beginnen, Gärten zu lieben. Bei meinem unruhigen Leben hilft eigentlich nur Librium oder Valium, Haschisch, Gin-Tonic oder Kokain. Weil ich aber nichts davon will, streichelt mein Garten meine Seele. Er tut mir so gut, dass mir sogar die Kosten egal sind.«

OBEN: *Anita Roddick bevorzugt Fiberglas, um ihren Fantasien Gestalt zu verleihen. Diese Skulptur schenkt ihr das angenehme Gefühl, freundliche Kühe und gemütliche Bauern als Nachbarn zu haben, die ihr Haus Tag für Tag im Auge behalten.*

Standing Stones, Trevithick, Cornwall, England. Edward Prynn lebt in Cornwall, dem keltischen Westzipfel Englands. Seine Obsession sind aufrecht stehende Steine. Seit 1982 ist der Garten seines Hauses sein ureigener mystischer Steinkreis.

Die großen Granitblöcke stammen aus dem nahe gelegenen Steinbruch von St. Breward. Prynn findet »die Steine einfach aufregend. Wenn man fünfmal um den Steinkreis gelaufen ist, fühlt man sich so gut wie nach einem Krug Bier.« Manchmal macht er weite Wege für seine Steine. Zwei Quarzit-Blöcke stammen vom Mount Pleasant auf den Falkland-Inseln. Sie wurden 3000 Meilen weit von der Firma transportiert, die auch den Stanley Airport gebaut hat.

Holzhände, Berkeley, Kalifornien, USA. Man könnte die 2,5 m hohen Holzhände an Marcia Donohues Gartentor als Stoppsignal verstehen, doch das Tor ist niemals verschlossen. So sind sie eine ebenso charmante wie originelle Begrüßung. Der Weg dahinter besteht aus Steinplatten in Form von Blättern. Er führt in einen unkonventionellen Garten, in dem sich Marcia Donohues Skulpturen aus Stein, Holz und Keramik ein Stelldichein mit Mark Bulwinkles Arbeiten aus Stahl geben. Pflanzen mit besonders interessantem Wuchs bilden den Hintergrund. Der Weg führt direkt auf vier spiralig geschnittene italienische Zypressen zu. In den Wipfeln sitzen Vogelsilhouetten aus Stahl. Eine weitere Hand, von Rosen umschlungen, bildet den Zaun.

LINKS: *Die stehenden Steine sind nach Frauen benannt, die in Edward Prynns Leben eine wichtige Rolle spielten – seine Mutter, die geheimnisvolle Marjorie, Tante Hilda, eine weitere geheimnisvolle Dame, Sally Brown und Jacky.*

RECHTS: *Auf der riesigen Holzhand weist der Schriftzug »Geheimer Ausgang – leichter Ausweg« den Weg in eine fantasievolle, grüne und ruhige Welt abseits von Verkehrslärm und Beton.*

Figwam, Quex Park, Kent, England. Die seltsame Metallkuppel sieht aus wie ein Überbleibsel aus dem Zweiten Weltkrieg. Sie hat einen Ehrenplatz erhalten und wird langsam von einem Feigenbaum überwachsen – daher der Name »Figwam« (fig = Feige).

Der Scheidungsgarten, San Francisco, USA. Diesen Garten könnte man als Interpretation der drei Themen sehen, für die die Dramatiker der griechischen Antike ein besonderes Faible hatten: Sex, Geld und Gewalt. Er wurde von Topher Delaney entworfen, einer der bedeutendsten amerikanischen Landschaftsarchitektinnen. Beim Gestalten privater Gärten entwickelt sie mit ihren Kunden deren »persönliche Geschichte« und findet heraus, welche Blumen, Sträucher oder Bäume für sie eine Rolle gespielt haben, um einen »kundenspezifischen Garten« anzulegen.

Der Garten wurde für eine Kundin gestaltet, die eine sehr unangenehme Scheidung hinter sich hatte. Zackig abgebrochene Betonplatten, die Topher Delaney auf den Hang stellte, spiegeln die Gefühlssituation nach der Scheidung.

RECHTS: *Das »Figwam« ist eine originelle Nachbildung der Wigwams nordamerikanischer Indianer. Es hat auch einen praktischen Nutzen, denn Metall speichert Wärme, durch die die Feigen schneller reifen.*

UNTEN: *Die zerbrochenen Betonplatten im Scheidungsgarten stammen von der Terrasse des Ex-Mannes der Auftraggeberin. Blutrotes Gras zwischen den Sträuchern und Bäumen hat neben der optischen Funktion auch einen unmissverständlichen Symbolcharakter.*

OBEN RECHTS: *17 Davids, nach zwei verschiedenen Gipsmodellen gegossen, stehen abwechselnd entlang der Auffahrt dieses Hauses in Los Angeles.*

UNTEN RECHTS: *Zu Weihnachten verschwindet der Rasen unter einer Schicht Kunstschnee. Die Statuen tragen dann Lichterketten, dazwischen stehen künstliche Weihnachtssterne, deren Blätter ein feiner Goldrand ziert.*

OBEN: *Misia Serts Halbedelstein-Bäumchen sind 35 cm hoch. Stämme und Zweige bestehen aus aufgefädelten Kristallperlen. Sie stehen auf einem Sockel aus Bergkristall und sind mit roten, schwarzen und rosa Korallen verziert.*

JUWELEN-BONSAIS, PARIS, FRANKREICH. Misia Sert, die 1950 in Paris starb, war die Muse für zwei Generationen französischer Künstler. Maler wie Bonnard, Toulouse-Lautrec, Vuillard und Renoir haben sie unsterblich gemacht. Mallarmé schrieb ihr zu Ehren Gedichte, Diaghilev produzierte Ballette für sie, Ravel komponierte für sie, Proust und Cocteau schufen literarische Charaktere nach ihrem Vorbild. Sie war mit zwei der wichtigsten und reichsten Verleger Frankreichs verheiratet, ehe sie den spanischen Maler José-Maria Sert y Badía ehelichte.

Coco Chanel war eine von Misias besten Freundinnen. Kenner vermuten, dass ihre berühmte Kombination von echten und künstlichen Edelsteinen die Entstehung der Juwelenbäumchen beeinflusste. Die kunstvollen Tischdekorationen wurden von Misia Sert gefertigt oder, was wahrscheinlicher ist, in Auftrag gegeben, als sie sich nach dem Scheitern der Ehe mit Sert von einer langjährigen Opiumabhängigkeit befreite.

DER GARTEN DER 17 DAVIDS, LOS ANGELES, KALIFORNIEN, USA. Die Statuen entlang der Auffahrt dieses Hauses in Hancock Park werden häufig umgekippt oder mit Farbbeuteln beworfen. Verantwortlich dafür sind vermutlich die Nachbarn in diesem wohlanständigen Stadtteil, denen das extravagante Anwesen ein Dorn im Auge ist. Die Statuen sind Kopien von Michelangelos *David*, dem unvergänglichen Sexsymbol der italienischen Renaissance. Inmitten der Jünglinge steht einsam eine einzelne *Venus von Milo*.

ROSENBLUM MINIATUREISENBAHN-GARTEN, COLUMBUS, OHIO, USA. Seit 18 Jahren beschäftigen sich Dr. Chip Rosenblum und seine Frau Gail mit der Anlage ihres Eisenbahn- und Skulpturengartens. Er ist zuständig für die Züge, sie für die Skulpturen. Um die Pflanzen kümmern sie sich gemeinsam.

Zunächst ging es darum, Pflanzen zu finden, die in den Proportionen zu der Miniatur-Eisenbahn passen. Zwergkoniferen, Einjährige und Bodendecker, die auf dem lehmigen Boden gedeihen, bilden die Basis. Durch Erfahrung fanden die Rosenblums heraus, dass Bodendecker, die sich selbst aussäen, ungeeignet sind, weil sie in kürzester Zeit allen verfügbaren Platz in Beschlag nehmen. Alte Ziegel, Kies und andere Materialien zur Gestaltung der Landschaft stammen aus Abbruchhäusern oder Garagenverkäufen.

LINKS: *Das Ehepaar Rosenblum gesteht freimütig seine Obsession für die kleine Eisenbahn und den Skulpturengarten. Sie betrachten es als eine Form von Therapie.*

6 Surrealismus im Garten

Rein psychischer Automatismus, der … die wahre Funktion des Denkens ausdrücken soll. Solche Gedanken entstehen jenseits jeglicher Kontrolle durch den Verstand, jenseits aller ästhetischen und moralischen Erwägungen.

ANDRÉ BRETON, *Manifest des Surrealismus (1924).*

Der Begriff Surrealismus geht zurück auf Guillaume Appollinaire, der ihn erstmals im Zusammenhang mit seinem Theaterstück Les Mamelles de Tirésias benutzte. André Breton griff das Wort auf und definierte es in seinen drei Manifesten des Surrealismus, die ihm den Titel »Papst des Surrealismus« eintrugen.

Andere Künstler des Surrealismus waren Max Ernst und Jean Arp, die Mitbegründer des Dadaismus, außerdem de Chirico, Klee, Magritte und Miró. 1929 schloss sich auch Salvador Dalí dieser künstlerischen Bewegung an. Mit seinen halluzinatorischen Traumbildern verschaffte er dem Surrealismus breite öffentliche Beachtung.

RECHTS: *Eine wundervoll dramatische, aufrechte Skulptur in Tony Duquettes Garten Dawnridge.*

DAWNRIDGE, BEVERLY HILLS, KALIFORNIEN, USA. 1943 begann Tony Duquettes Karriere als berühmter und einflussreicher Innenarchitekt. Heute ist er über achtzig, doch er ist noch immer einer der wichtigsten Impulsgeber des modernen internationalen Design.

Die charmante Haustür im Stil des Regency verrät nicht, welch zauberhaftes Gartenreich sich dahinter erstreckt. Duquette war schon immer fasziniert von thailändischen und indonesischen Holzbauten. Im Eukalyptustal seines Grundstücks hat er ein kleines indonesisches Dorf errichtet, mit neun Häusern, die meist auf Pfählen über einem Fluss stehen und durch eine Vielzahl von dekorativen, aber halsbrecherischen hölzernen Stegen mit dem Haupthaus verbunden sind.

Sein zweites Anwesen, Sortilegium in Malibu, ist leider 1993 abgebrannt, doch Tony Duquette ist damit beschäftigt, die exotische Landschaft wieder aufzubauen.

LINKS: *Duquette ist unglaublich erfindungsreich, wenn es um Baumaterialien geht. Was aussieht wie filigran durchbrochene südostasiatische Paneele, besteht in Wirklichkeit aus Teilen von demontierten Landestegen im Marinestützpunkt von Los Angeles.*

UNTEN: *Das Gewächshaus stammt aus einer viktorianischen Villa in San Francisco, die abgerissen wurde.*

Er sagt über seine Arbeit: »Ich habe alles zusammengetragen, um meine Vision zu verwirklichen – von der Straße, von einem Dachboden, in der Wüste, am Meer. Ich will nichts reproduzieren, das es schon gibt. Ich nehme lieber eine Muschel, einen Stein, einen Zweig von einem Baum oder ein altes Gitter, um daraus einen Engel oder einen Kronleuchter zu gestalten.«

Duquette hat die verschiedensten Materialien wieder verwertet, von Kulissen aus Hollywood bis zu Dubliner Ladenfronten aus dem 18. Jahrhundert.

OBEN: *Zwischen den Agaven sind Isolatoren von Hochspannungskabeln zu interessanten Skulpturen aufgetürmt. Das Ensemble nennt sich Here Come the Clowns.*

RECHTS: *Die Geweihe, mit denen dieser Pavillon geschmückt ist, stammen von Randolph Hearsts »Ranch« San Simeon. Duquette und seine verstorbene Frau waren dort zu Gast, kurz bevor das Anwesen der Öffentlichkeit zugänglich gemacht wurde.*

Zauberwald, Groombridge Place, Kent, England. Das prächtige, von einem Burggraben umgebene Herrenhaus wurde 1664 für einen wohlhabenden Londoner Kaufmann gebaut. 1993 kaufte es ein Geschäftsmann und öffnete Haus und Garten für das Publikum.

Mit einem kleinen Boot erreicht man über einen schmalen, von Weiden gesäumten Kanal den prächtigen formalen Garten, der 1674 angelegt wurde, und dann ein Dickicht. Hier hat Ivan Hicks den Zauberwald angelegt. Er war viele Jahre Gärtner des anglo-amerikanischen Millionärs Edward James in Monkton House, West Dean. Heute gehört er zu den führenden Designern surrealistischer Landschaften und Gärten.

Dem Besitzer des Gartens war es besonders wichtig, dass Kinder zum Entdecken der Natur angeregt werden – obwohl die Natur, die man hier findet, von Menschenhand gestaltet ist. Jeder Bereich des Zauberwaldes hat ein spezielles Symbol, dass den Forscherdrang von Kindern beflügeln soll. Da gibt es ein riesiges Spinnennetz aus Zweigen, eine doppelte Spirale und einen geheimnisvollen Teich, der keltischen Baummythen gewidmet ist. Über dem Teich hängen Spiegel, die sich im Wind bewegen und so die Perspektiven verfremden.

RECHTS: *Das riesige Spinnennetz zieht den Blick der Kinder hoch hinauf in die Zweige, wo die Groms, von Hick erdachte Waldbewohner, leben.*

LINKS: *Von den Zweigen hängen Spiegel herab. Sie reflektieren die Strukturen von Stämmen und Borke und lassen das dunkle Wasser des Teiches geheimnisvoll glitzern.*

OBEN: *Höhepunkt des Abenteuerspaziergangs ist das Zigeunerlager. Diese Dame – halb Zigeunerin, halb Cherokee-Indianerin – hält den Kontakt zur Außenwelt mit Hilfe eines Handys.*

PALM GROVE GARDEN, BERMUDA. Die schwimmende Reliefkarte der Bermudas gehört zum Garten der Familie Gibbons, die seit Generationen zur Prominenz der Insel zählt. Man findet sie, wenn man durch das »Mondtor« und über makellos gepflegte Rasenflächen geht, vorbei an großen Volieren voller Papageien und Tukane.

RECHTS: *Die einzelnen Verwaltungsbezirke der schwimmenden Landkarte mit ihren ordentlich gepflegten Buchten und Küsten sind durch kleine Schildchen akkurat gekennzeichnet.*

LINKS: *James benannte einige seiner Skulpturen nach den führenden Persönlichkeiten der surrealistischen Bewegung. Dies ist die* Hommage an Max Ernst.

RECHTS: *Den Eingangsbereich zur Plaza San Eduardo in Las Posas schmückt ein Springbrunnen, den Edward James entworfen hat.*

Las Posas, Xilitla, Mexiko. Edward James war einer der größten Exzentriker des 20. Jahrhunderts. Seine Eltern starben früh und hinterließen ihm ein beträchtliches Vermögen. In den 1920er und 1930er Jahren gab sich James ganz seiner Leidenschaft für Malerei, Dichtung, Theater und Ballett hin. Er war fasziniert von den Arbeiten der Surrealisten und gab verschiedene Gemälde und Skulpturen bei Magritte, Dali und de Chirico in Auftrag. Seine Ehe mit der Tänzerin Tilly Losch endete 1934 mit einer skandalösen Scheidung. Trotzdem ließ James einen berühmten Treppenläufer anfertigen, der mit Tilly Loschs nassen Fußspuren dekoriert ist.

Später lebte James nur noch zeitweise in England. 1944 zog er aus einer Laune heraus nach Mexiko. Als er im Norden des Landes nach Orchideen suchte, entdeckte er in der Nähe von Xilitla ein Gebiet mit großartigen Wasserfällen. Er glaubte, sein persönliches Paradies gefunden zu haben und kaufte das Land. Während der vierzig Jahre, die er dort blieb, trug er eine Sammlung surrealistischer Meisterwerke zusammen.

James engagierte den jungen Mexikaner Plutarco Gastelum Esquer als Diener und Aufseher bei den Bauarbeiten. 68 Maurer und Zimmerleute wurden angeheuert, um die Betonfantasien im subtropischen Urwald umzusetzen – Arbeitsplätze, die viele Familien ernährten.

Vor dem Hintergrund der Berge entdeckt man in der üppigen Vegetation des Regenwaldes Tore und Türme, Obelisken, Riesenschlangen, Muscheln, Lotusblüten, Säulen, Brücken und Wendeltreppen, die ins Nichts führen.

Noch an seinem Lebensabend arbeitet James wie besessen an seinem surrealistischen Fantasiegarten. Doch er gibt zu, dass er stets zu viel Geld besessen habe – und damit zu viele Möglichkeiten, zwischen denen er wählen konnte. Rückblickend meint er, er hätte Gärtner werden sollen.

LINKS: *Wie so viele von James' filigranen Betonfantasien werden auch diese Blumen bald von den Schlingpflanzen des Urwalds überwuchert werden.*

RECHTS: *Die leuchtend bunten Skulpturen wurden von James als Bambuspflanzen aus Beton gestaltet.*

OBEN: *Eine prächtig verzierte Brücke bildet den Zugang zu James' Turm.*

RECHTS: *Über seine Treppe zum Himmel meint James: »Wenn Archäologen in zwei- oder dreitausend Jahren dies entdecken, werden sie damit nichts anfangen können.« Auch wenn sein Turm die Zeit überdauert, dürfte er die Archäologen der Zukunft vor Rätsel stellen.*

LINKS: *Mit Five Go Mad at Henley beweist Hicks eindrucksvoll, dass originelle Skulpturen, die einen Garten von dem ewigen Einerlei steinerner Urnen und Säulen abheben, keineswegs kostspielig sein müssen.*

RECHTS: *Das ist Derek, der grüne Mann. Hicks lässt Bäume und Sträucher fast ungezähmt zwischen den Skulpturen und dem skurrilen Sammelsurium aus Fundstücken wuchern.*

The Garden in Mind, Stanstead Park, Rowland's Castle, Hampshire, England. Ivan Hicks war noch jung, als er Gärtner von Edward James wurde, dem Mäzen und Exzentriker. Obwohl James überwiegend in Mexiko lebte, gab er sein Haus in West Dean nicht auf. Dort sollte Hicks James' Passion für den Surrealismus in der Gartengestaltung umsetzen. Der *Garden in Mind,* in dem Fundstücke, Skulpturen und Spiegel sich ein Stelldichein mit ausgefallenen Pflanzen geben, umgibt Hicks eigenes Haus in Stanstead Park.

LINKS: *Dieses Bild zeigt drei verschiedene Elemente des Gartens – im Vordergrund Spring Flowers, dahinter Hommage an de Chirico und den surrealen Grammophontrichter Catcher.*

OBEN: *Ivan Hicks Cosmic Tree besteht aus Kabeltrommeln, die auf einer Erdspirale aufeinander getürmt sind.*

Mosaikgarten, Melbourne, Australien. Die Künstlerin Margot Knox aus Melbourne behauptet, dass sie Mosaiken früher verabscheute. Erst als sie mit ihren Kindern versuchte, ein altes Sofa mit einem Mosaik zu überziehen, entdeckte sie die Vielfalt der gestalterischen Möglichkeiten. Vorher hatte sie Steinskulpturen im japanischen Stil gestaltet. Das handwerkliche Wissen half ihr bei der Umsetzung ihrer Mosaikideen, und heute besteht ihr Garten fast völlig aus Mosaiken. Dazwischen stehen Agaven, Aloe und andere interessante Pflanzen. Pflanzen und Mosaiken breiten sich hemmungslos aus, so dass bald kein Eckchen mehr frei sein wird.

Cannwood Farm, Somerset, England. Polly Devlin und ihr Ehemann Andrew Garnett haben am Rand der Ebene von Salisbury ihren Garten angelegt. Er basiert auf den Grundprinzipien traditioneller, großer englischer Gärten, doch er überrascht mit einigen exzentrischen Ideen. Da gibt es einen weißen Rosengarten, einen Kräutergarten, Staudenbeete und ein junges, 4 ha großes Eichenwäldchen. An den Wegen, die strahlenförmig vom Haus wegführen, findet man verblüffende Skulpturen.

LINKS: *Eine der Mauern des Mosaikgartens in Melbourne, den Jahr für Jahr Hunderte von Interessierten besuchen.*

RECHTS: *The Urn at the End of its Tether (Urne, mit ihrem Latein am Ende) von Shane Barnard ist eine der ungewöhnlichen Skulpturen, die man im Wald der Cannwood Farm findet.*

7 Künstler-gärten

Ich wollte für die Besucher, vor allem für Kinder, einen Ort schaffen, an dem sie Kunst und Natur zugleich erleben können.

Niki de Saint-Phalle, Capalbio, Italien.

Auch wenn die hier vorgestellten Künstler für ihre Zeit revolutionär waren, haben sie doch ihre individuelle Nische im Kunstbetrieb und ein gewisses Maß an öffentlicher Anerkennung gefunden. Im Gegensatz zu den meisten anderen Künstlern haben sie es gewagt, ihre Ateliers zu verlassen und Werke zu schaffen, die die Umwelt einbeziehen.

Prospect Cottage, Dungeness, Kent, England. Derek Jarmans Bühnenbilder für Theater, Ballett und Film spiegeln seine individuelle und sehr visuell ausgerichtete Fantasie. 1986 kaufte er eine Holzhütte am Strand von Dungeness. Für die meisten Menschen wäre dies der letzte Ort für ein Wochenendrefugium, denn der nächste Nachbar ist ein Atomkraftwerk. Doch Jarman ist es mit seiner unglaublichen Fantasie gelungen, in dieser öden Landschaft einen sehr persönlichen Garten zu schaffen.

Jarman ist an Aids gestorben, doch der Garten wird von einigen seiner Anhänger weiter gepflegt. Angeregt von seinem Leben und seinen Visionen erhalten sie den Garten als Denkmal und zur Freude der wenigen Spaziergänger.

VORIGE SEITE: *Jarman hat rundgewaschene Strandkiesel wie kleine Skulpturen mit robusten Pflanzen wie Mohn, Kosmeen, Strandnelken und Strandflieder kombiniert.*

OBEN: *Der Garten ist voller Fundstücke, die das Meer angeschwemmt hat.*

CLAUDE UND FRANÇOIS-XAVIER LALANNE, PARIS. Die Lalannes waren in den 1960er Jahren eng mit der Pariser Schule der »Neuen Realisten« verbunden. Später entwickelten sie, teilweise gemeinsam, ihren so brillanten wie faszinierenden Stil weiter. Man sagt, dass ihre Arbeiten an die Gartenskulpturen des 18. Jahrhunderts anknüpfen und eine Brücke zum Jugendstil und weiter zu zeitgenössischen Themenparks schlagen.

OBEN: *Die Lalannes haben sich mit ihren ungewöhnlichen Formschnitten weltweit einen Namen gemacht. Typisch sind Tiere mit einem überwachsenen Metallgestell. Ein ähnliches Dimetrodon steht auch an der Promenade von Santa Monica in Kalifornien.*

OBEN: *Die Schafe der Lalannes sind ein »Triumph der Kunst über die Natur«. Diese Herde, zu der auch ein wachsamer Schäferhund gehört, war Teil einer großen Ausstellung, die 1998 im Park Bagatelle in Paris veranstaltet wurde.*

RECHTS: *Die Muster auf den Panzern dieser originellen Schildkröten bestehen aus robusten, kleinwüchsigen Sukkulenten.*

LINKS: *Der Kopf des einäugigen Zyklopen. Den Schöpfern gefällt die Vorstellung, dass er vielleicht nach einigen Jahrhunderten wiederentdeckt wird und sie amüsieren sich bei der Vorstellung, was zukünftige Anthropologen in diese Skulptur hineininterpretieren.*

ZYKLOP, MILLY-LA-FORÊT, FONTAINEBLEAU, FRANKREICH. Diese begehbare Skulptur wurde 1970 von Niki de Saint-Phalle und Jean Tinguely zusammen mit Bernhard Luginbühl, Eva Appeli, Daniel Spoerri, Foknoz und anderen errichtet. Die Gruppe gab sich selbst den klangvollen Titel »Super-Kollaborations-Individuelles Langstrecken-Ausdauer-Kollektiv-Gigantoleums-Apparat«. Der Kopf ist etwa 27 m hoch und bietet im Inneren Platz für Theatervorstellungen.

RECHTS: *Die Rückseite der Skulptur ist ein Eisenbahnwaggon, der schräg aus dem Kopf des Zyklopen hervorragt. Besucher können von April bis Oktober hinaufsteigen.*

RECHTS: *In den Hamptons sind die obligatorischen Swimmingpools fast immer rechteckig. In den 1960er Jahren baute Ossorio diesen ovalen Pool mit schwarzen Innenwänden und einem in Schwarz und Rot gestalteten Randbereich. Einige seiner ungewöhnlichen und seltenen Koniferen sind im Hintergrund zu erkennen.*

THE CREEKS, EAST HAMPTON, LONG ISLAND, USA. Alfonso Ossorio gestaltete Skulpturen, Gemälde und plastische Collagen aus Industrieschrott und Fundstücken. 1951 kaufte er The Creeks, ein 23 ha großes Anwesen am Georgia Pond am bewaldeten Rand eines der schönsten Gebiete der Hamptons.

In den 1950er Jahren veranstaltete Ossorio Parties, auf denen sich alles traf, was in der zeitgenössischen Kunstszene Rang und Namen hatte. Motherwell, Nevelson, Johns und de Kooning waren regelmäßige Gäste. Jackson Pollock starb bei einem Autounfall auf der Fahrt zu einem abendlichem Konzert bei Ossorio.

In den 1970er Jahren entdeckte Ossorio seine Begeisterung für den Garten und füllte ihn mit bizarren, immergrünen Sträuchern und Bäumen. Besonders liebte er Koniferen mit interessantem Wuchs – hängend, gewunden oder spitzig – und mehrfarbige Pflanzen. So ließ er auf eine Unterlage drei verschiedene Kiefernsorten pfropfen, um einen Baum zu erhalten, der gleichzeitig grüne, blaue und gelbe Nadeln trug. Ossorio entwickelte eine solche Obsession für Koniferen, dass er Werke von Dubuffet, Still und Pollock verkaufte, um sie bezahlen zu können. Es kam durchaus vor, dass er für eine einzige Pflanzenlieferung 300 000 Dollar ausgab.

LINKS: *Die Grundidee für den Tarot-Garten geht auf Gaudís Park Guëll in Barcelona zurück, den Niki de Saint-Phalle 1955 kennenlernte. Auch der Heilige Wald von Bomarzo in Italien und die Watts Towers in Los Angeles standen Pate.*

Tarot-Garten, Capalbio, Toskana, Italien. Als Bildhauerin erwarb sich Niki de Saint-Phalle in den 1960er Jahren mit ihren dicken Frauen – den »Nanas« – Berühmtheit. Ihre umstrittenste Nana ist im Moderna Museet in Stockholm zu sehen. Der Körper ist so gewaltig, dass man zwischen den geöffneten Schenkeln hineingehen kann. In einer Brust können die Museumsbesucher einen Film sehen, in der anderen eine Pause an der Milchbar einlegen.

Seit 1979 ist Niki de Saint-Phalle mit der Anlage des Tarot-Gartens beschäftigt und hat hier viele ihrer künstlerischen Vorstellungen über Skulptur, Farbe und Form, mit denen sie sich bereits seit vierzig Jahren beschäftigt, verwirklicht.

Überall im Werk Niki de Saint-Phalles spürt man den Einfluss ihres Partners und Mitarbeiters, des Schweizer Kinetik-Künstlers Jean Tinguely. Seine genialen Metallobjekte und seine technischen Kenntnisse haben viele ihrer Werke erst möglich gemacht.

Der Garten enthält die 22 wichtigsten Arkanas des Tarot in Gestalt riesiger Wesen aus Mosaik und Spiegeln. Obwohl Niki de Saint-Phalles Gesundheit seit einigen Jahren angegriffen ist, hat sie sich entschlossen, in der *Kaiserin* zu leben, einer Skulptur in Form einer Sphinx. Ihr Schlafzimmer befindet sich in einer Brust, die Küche in der anderen.

LINKS: *In viele der Skulpturen im Tarot-Garten, die meist mit Mosaiken und Spiegeln verziert sind, können Besucher hineinklettern.*

OBEN: *Das ist die* Kaiserin, *eine Skulptur in Gestalt der Sphinx, in der Niki de Saint-Phalle wohnt.*

RECHTS: *Dubuffets Terrasse war ein kühnes Projekt. Der mittlere Bereich trägt den Namen »Cabinet Logologique« und zeigt vom Boden bis zur Decke seine typischen, schwarzen, weißen, roten und blauen Zeichnungen.*

UNTEN: *Am Rand der Terrasse ragt ein abstrakter Baum in den Himmel.*

CLOSERIE FALBALLA, PERIGNY-SUR-YERRES, FRANKREICH. Jean Dubuffet prägte im Jahre 1949 den Begriff »Art Brut«. Er beschrieb damit die Kunst von Kindern und Geisteskranken als »rein und unverfälscht ... allein dem Erfindungsgeist des Schaffenden entsprungen und nicht, wie in der kulturell beeinflussten Kunst, andere nachäffend oder sich ständig wie ein Chamäleon verändernd«. Zwanzig Jahre später gründete Dubuffet in Lausanne in der Schweiz ein Museum der »Art Brut«.

1970 nahm er sein größtes architektonisches und bildhauerisches Projekt in Angriff und baute an seinem Wohnsitz eine massive Terrasse aus Beton und Styropor. Das Objekt spielt mit den widersprüchlichen Linien zwischen abstrakten Formen und den organischen der Natur.

8 GARTEN-KUNST VON AUSSEN-SEITERN

Heute nennen die Leute mich Künstler. Ich mag das Wort Künstler nicht. Gott allein hat mich dazu gebracht, diese Arbeit zu tun. Ich wusste nicht, dass die Leute sie sehen würden, ich habe es einfach zu meinem Vergnügen gemacht.

NEK CHAND SAINI.

Im Gegensatz zu den Künstlern im vorigen Kapitel lernen Sie hier Menschen kennen, die in der traditionellen Kunstwelt keine Rolle spielen. Sie haben ganz andere Gärten geschaffen, in denen Zivilisationsmüll kreativ genutzt wird. Zerbrochene Teller, Glasflaschen, Autoscheinwerfer und Holzreste finden ihren Platz. Diese Gärten, Kunstwerke von Autodidakten, lassen sich nicht in die üblichen Kategorien einordnen. Nicht von ungefähr werden sie in der traditionellen Kunstwelt gern als »Außenseiterkunst« bezeichnet.

VORIGE SEITE UND LINKS: *Chris Parsons behauptet, dass jeder Mensch unendlich viele verschiedene Muster im Tau »malen« kann. »Wer es einmal probiert, wird feststellen, wie einfach es ist. Ich konnte nie in gerader Linie gehen. Dann bewarb ich mich bei der Parkverwaltung. Ich kann Ihnen sagen, da lernt man, auch in geraden Linien zu mähen!«*

RECHTS UND UNTEN: *Die Muster entstanden auf einem perfekt geschnittenen Rasen, auf dem sonst Bowling gespielt wird. Parsons gefällt die Vergänglichkeit seiner Kunstwerke.*

DER RASENKÜNSTLER, BUCKINGHAMSHIRE, ENGLAND. Chris Parsons ging auf eine Kunstschule, heute arbeitet er aber als Platzwart in einem Park in Buckinghamshire. Mit seinem Besen zeichnet er an schönen Herbstmorgen fantastische Muster in den taufeuchten Rasen.

Parsons sagt, der Oktober sei der ideale Monat für diese flüchtigen Meisterwerke. »Eine klare Nacht ist nötig, damit sich Tau bildet. Der Morgen muss dann sonnig und wolkenlos sein. Man fegt den Tau an einigen Stellen weg, und übrig bleibt ein Muster, das von Millionen kleiner Tröpfchen schimmert – bis die Sonne höher steigt und ihre Wärme den Tau trocknet.«

VORIGE SEITE: *Nek Chands Garten ist zum Zentrum eines der größten Recyclingprojekte Indiens geworden. Das Gerüst der Skulpturen besteht aus alten Fahrradteilen. Gabeln werden zu Beinen, Rahmen zu Körpern.*

RECHTS: *Obwohl die Skulpturen wie Schlenkerpuppen aussehen, sind sie erstaunlich starr und fest. Ihr Unterbau besteht aus Metall, das fest mit zusammengeschnürten Lumpen ausgestopft ist.*

ROCK GARDEN VON NEK CHAND, CHANDIGARH, INDIEN. Nek Chand Saini wurde 1924 geboren. 1948 zog er nach Chandigarh um, als gerade 25 Dörfer abgerissen wurden, LeCorbusiers neue Stadt zu bauen. Chand wurde als Straßeninspektor im öffentlichen Dienst eingestellt. Schon immer hatten ihn seltsam geformte Steine fasziniert, und als er einmal auf einem überwucherten Grundstück außerhalb der Stadtgrenzen arbeitete, begann er, Steine und Abfälle zu sammeln. Auf dem Fahrrad brachte er seine Fundstücke in ein Versteck – seinen heiligen Hain.

Nach und nach begann er, aus seiner Sammlung Fantasiewesen zu gestalten. Als die Regierung seinen Hain entdeckte, standen im Unterholz bereits 2000 Skulpturen. Da Chands Werk illegal war, sollte es zerstört werden. Doch viele Menschen waren begeistert von den Skulpturen und setzten sich für ihre Erhaltung ein.

Schließlich bekam Chand ein Gehalt und 50 Helfer für seine Fabelwelt. In einer zweiten Phase entstanden mehrere mit Naturstein gepflasterte Plätze. Chand baute seinen Garten weiter aus – heute umfasst er eine Fläche von 20 ha. Sein Werk fand internationale Anerkennung und inzwischen ist eine Stiftung geplant, um es zu erhalten. Der »Rock Garden« ist nach dem Taj Mahal die zweitgrößte Touristenattraktion Indiens geworden.

OBEN: *Lange Reihen aus Radkappen am Zaun verraten dem Besucher, dass er sich der Radkappen-Ranch zwischen Napa und St. Helena nähert.*

LITTO'S RADKAPPEN-RANCH, POPE VALLEY, AETNA SPRINGS, KALIFORNIEN, USA. Ende der 1950er Jahre begann Emanuele »Litto« Damonte, ein Einwanderer aus Italien, Haus und Garten samt Zäunen und Bäumen mit Radkappen zu dekorieren. Die ersten waren von Autos abgefallen, die hier um eine scharfe Kurve in der Straße fuhren. Später kamen Geschenke von Nachbarn hinzu. Heute gibt es 3000 Radkappen auf der 25 ha großen Ranch.

Litto, von Beruf Steinmetz, hatte an Hearsts Marmor-Swimmingpool in San Simeon gearbeitet. Seine Ranch ist heute vom kalifornischen Denkmalschutz anerkannt, und Mike Damonte, Littos Enkel, lebt dort als Kurator. Er rätselt über die Motive seines verstorbenen Großvaters: »Ich weiß wirklich nicht, was er damit bezweckte – aber wer weiß schon genau, was Picasso bezweckte?«

THE MUSEUM OF THE WEST, OLD TRAPPER'S LODGE, BURBANK, KALIFORNIEN, USA. John Ehn wurde 1896 als Sohn schwedischer Auswanderer geboren und wuchs in der Nähe der Hudson Bay auf. In einem Interview, das er in den 1970er Jahren gab, erklärte er sein bildhauerisches Talent: »Es gab nicht viel zu tun in dem Land, darum war es ganz natürlich, dass wir uns mit irgendetwas die Zeit vertrieben. Und die meisten Leute besitzen Geschick für dieses oder jenes. Ich mag das Wort Talent eigentlich nicht. Handwerk lernt man hauptsächlich durch Übung, und jeder durchschnittliche Handwerker könnte Statuen machen, wenn er dazu Lust hätte.«

1941 eröffnete John Ehn rings um sein Motel ein Freilichtmuseum. Nach einem Herzanfall im Jahre 1955 beschäftigte er sich intensiver mit der Herstellung von Statuen. Er sagt: »Eines Tages dachte ich, es geht mir schon besser, der Zeitpunkt ist gut, um eine Statue zu machen. Ich habe mich angestrengt, und ich frage mich, warum sie nicht besser gelungen ist.«

UNTEN: *Sweet Lorraine und Lovely Sue, Saloon-Mädchen aus Beton, ruhen sich in John Ehns Museum aus. Die lebensgroßen Figuren sind mit Sand und Zement über einem Gestell aus Eisen und Maschendraht modelliert.*

LINKS: Die Geflügelte Frau, Johannes der Täufer *und* Der Gekreuzigte Christus *in der »World of Lost Art«, Arizona.*

RECHTS: *Ihren ungewöhnlichen Pflanzkübel beschreibt Grandma Prisbrey als »Schrein mit einem Sockel aus Autoscheinwerfern und blauen Flaschen auf Stangen.«*

WORLD OF LOST ART, ANDRADE, ARIZONA, USA. Charles Kasling diente 24 Jahre in der amerikanischen Armee und Marine. Nachdem er den Dienst quittiert hatte, reiste er zehn Jahre durch die Welt, ehe er sich im kalifornischen Death Valley niederließ, und dort begann, prähistorische Tiere aus Zement herzustellen. Nach zwei Jahren wurde er von dem Land, wo er illegal lebte, vertrieben. Er zog nach Arizona und schuf dort seine »World of Lost Art«, Skulpturen aus verstärktem Zement, den er nass verarbeitet. In einem Interview in den 1970er Jahren sagte er: »Wenn man einen kreativen Geist hat und sich ein Gesicht oder etwas anderes vorstellen kann, ist die halbe Arbeit schon getan. Hat man die Fähigkeit nicht, kann man den Meißel ebensogut wegwerfen, den Zement über eine Mauer gießen und zusehen, wie er herabfließt.«

DAS FLASCHENDORF, SIMI VALLEY, KALIFORNIEN, USA. 1950 begann Grandma Prisbrey, die örtliche Müllhalde zu plündern. 1960 hatte sie bereits 13 Gebäude aus Flaschen, Fernsehern, Scheinwerfern und anderem Schrott gebaut – alle vollgestopft mit Fundstücken wie Gläsern, Puppen oder Bleistiften.

Mrs. Prisbrey wurde einmal gefragt, wie sie ihren Garten umgestalten würde, wenn sie eine Million Dollar hätte. Ihre Antwort war bezeichnend: »Mit einer Million Dollar kann man alles machen … sehen Sie doch nur Disney an. Aber man braucht viel mehr als Geld, um aus nichts etwas zu machen. Und vergessen Sie nicht den Spaß, den ich dabei habe.«

CHICO, KALIFORNIEN, USA. Albert Glade kam aus Bremen nach Amerika. In seinem Leben hat er drei Gärten geschaffen. Chico, nördlich von Sacramento, war sein letzter. Hier hat er zahllose Kieselsteine, Muscheln, Glas- und Keramikscherben und Plastikstücke in Zement eingebettet. Mit Spiegeln, Spielzeug und klaren Glasscheiben sind überdachte Wege und Bögen gestaltet. Nach Glades Tod wurde der Garten zerstört.

LINKS: *In Albert Glades Garten war alles verziert – Mauern, Pfeiler und Bänke.*

EUFAULA, OKLAHOMA, USA. Irene Gibson Hall betrieb in ihrem Haus einen Antiquitätenhandel. Als ihre Ehe in die Brüche ging, dekorierte sie wie eine Besessene das Äußere des Hauses. Sie verwendete alle Materialien, die sie finden konnte: bunte Steine und Murmeln, bemalte Flaschenkürbisse, Schädel, Plastikblumen und verzierte Hufeisen. Auch Puppen liebt sie sehr – einer der Zäune ist über und über mit ihnen verziert.

GRAND COULEE, WASHINGTON, USA. Emil Gehrkes Obsession sind Windmühlen und Windräder. 850 Stück hat er konstruiert, seine Ehefrau Vera hat sie verziert und bemalt. Die kleinen Kunstwerke sind alle aus Abfall. Wie viele Autodidakten baute er sie zu seinem eigenen Vergnügen und zur Freude seiner Kinder, Freunde und Nachbarn.

Bei seinem Tod standen noch 751 Objekte, von denen einige für ein Kunstprojekt der Elektrizitätswerke übernommen wurden, während andere heute in Disney World, Florida, stehen. Weitere 151 sind als Dauerausstellung in der Nähe des Grand Coulee-Damms zu besichtigen.

OBEN: *Stiefel, Plastikbehälter, Teetassen, Gartenwerkzeuge, Stücke von alten Gartenschläuchen – Gehrke konnte für seine Windräder alles gebrauchen.*

LINKS: *Irene Gibson Hall in ihrem Garten. Nach ihrem Tod wurde die Anlage restlos zerstört.*

LINKS: *Marietta Pallis' byzantinischer Adler in den Marschen von Norfolk. Darunter erkennt man ihre Initialien in griechischer Schrift.*

UNTEN: *Dieses Foto von Marietta Pallis stammt aus dem Sommer 1955. Sie ist mit ihrer Gefährtin Phyllis Riddle unter dem Granitblock im Herzen des Adlers begraben. Früher benutzten die beiden Frauen die Gräben, die den Adler umgeben, zum Schwimmen.*

HOMMAGE AN BYZANZ, LONG GORES, NORFOLK, ENGLAND. Marietta Pallis war eine exzentrische Rebellin. Ihre Ausbildung genoss sie am Newnham College in Cambridge. Obwohl ihr griechischer Vater, ein wohlhabender Kaufmann, es als unweiblich ablehnte, interessierte sie sich vorwiegend für Kunst und Naturwissenschaften. Als sie obendrein begann Fahrrad zu fahren, zerstörte ihr Vater das Rad mit bloßen Händen – so behauptet es zumindest die Familienlegende.

Trotz der Widerstände ihres Vaters verfolgte Marietta Pallis ihr Interesse an Botanik, Kunst und Reisen. Als er 1935 starb, kaufte sie ein Stück Land in Norfolk, auf dem sie ein kleines Haus und ein Studio bauen ließ.

Marietta Pallis liebte die wilde, windverwehte Marsch Norfolks. Sie wurde bekannt durch ihren energischen Protest gegen die Pläne der örtlichen Behörden, einen Kanal durch die Schilfgürtel zu bauen. Sie demonstrierte auch gegen die türkische Invasion auf der Insel Chios, die 500 Jahre früher stattgefunden hatte, indem sie eine Erdskulptur mit dem byzantinischen, doppelköpfigen Adler schuf, unter dem ihre Initialen prangen. Heute ist ihr Großneffe Dominic Vlasto Besitzer und Erhalter des Marschgrundstücks mit dem imposanten Adler.

9 Formale Gärten

Gleich beim Haus liegen vier große Plätze, zwei auf jeder Seite des besagten langen Weges, und in ihrer Mitte vier schöne, quadratische Brunnen mit vier weißen Alabasterstatuen, kunstvoll und sauber gearbeitet.

Augenzeugenbericht
von einer Besichtigung des Wilton House, Wiltshire, 1635

Der formale Garten hat, mehr als alle anderen Stile der Gartengestaltung, eine lange Geschichte. Er ist schon auf ägyptischen Grabmalereien, persischen Miniaturen und römischen Fresken zu finden. Noch heute gibt es in Italien Villen mit Renaissancegärten, Parks im Stil von Versailles sieht man überall auf dem europäischen Kontinent und in den USA.

Die Gärten der Medici, im späten 15. Jahrhundert um Florenz angelegt, sind der Prototyp des formalen Gartens. Vor allem jedoch wurden die Gärten Westeuropas von Bramantes *Cortile del Belvedere* (1503) im Vatikan beeinflusst. Wenn wir heute in Gartenzeitschriften immer wieder den Begriff »Gartenraum« finden, so liegt dieser Idee Bramantes *giardino segreto* oberhalb der doppelläufigen Treppe im *Cortile* zu Grunde.

Die Rivalität zwischen Ippolito d'Este und Alessandro Farnese, zwei Kardinälen des 16. Jahrhunderts, führte zur Entstehung zweier der einflussreichsten Gärten Europas. Die Gärten der Villa Caprarola bei Viterbo und die der Villa d'Este in Tivoli dienten den prächtigsten formalen Anlagen in ganz Europa als Vorbild.

Jeder kennt Versailles mit seinen herrlichen formalen Gärten. Der Graf von Saint-Simon, der am Hofe Ludwigs des XIV. lebte, betrachtete den Prunkgarten jedoch mit gemischten Gefühlen:

»Die Gärten sind gewiss wunderbar, aber unerfreulich zu benutzen, und sie zeugen von schlechtem Geschmack. Man kann den kühlen Schatten nicht erreichen, ohne durch trockene Hitze zu gehen. Und an deren Ende hat man keine Wahl als einen kleinen Hügel zuerst hinauf- und dann wieder hinabzusteigen – dort enden die Gärten. Das Steinpflaster der Wege verbrennt die Füße, doch wäre es nicht da, würde man im Sand oder schwarzen Schlamm versinken. Die Gewalt, die der Natur angetan wird, ist abstoßend. Viel Wasser wird in die Höhe geschleudert und wieder aufgefangen – doch es ist grün und schlammig. Es verbreitet eine spürbare und ungesunde Feuchtigkeit und einen Geruch, der noch schlimmer ist. Man muss gleichwohl Hochachtung vor dem Gesamtbild haben. Es ist unvergleichlich, bewundernswürdig und zugleich abstoßend.«

Kritische Töne klingen auch aus den berühmten Briefen der Madame de Sévigné. Ihr Bericht über die damalige Anlage der Gärten von Versailles erzählt von den vielen toten Arbeitern, die auf Karren weggeschafft wurden, nachdem sie einer Sumpfgasvergiftung erlegen waren. Trotz allem ist Versailles bis heute ein Denkmal der Obsession Ludwigs XIV. und des Genies seines Gartenarchitekten André Le Nôtre.

Im 19. Jahrhundert erlebte der formale Garten eine Renaissance, als neureiche Industrielle ihren Wohlstand zur Schau stellen wollten. Sie bauten repräsentative Landhäuser und »Paläste« in verschiedenen Stilen, darunter italienische Villen, französische Schlösser und gotische Burgen. Formale Gärten waren als Kulisse für diese Bauten unerlässlich.

In England waren es weniger die Neureichen als vielmehr der Adel, der große und aufwändige Gärten anlegen ließ. Sie waren enorm arbeitsintensiv, doch Arbeitskraft war preiswert. Als die Gräfin von Westminster nach der Anzahl ihrer Gärtner gefragt wurde, antwortete sie, es seien *nur* fünfundachtzig – fünfundfünfzig im Freien und dreißig in den Gewächshäusern.

Auch Gartengestalter des 20. Jahrhunderts greifen gern auf den formalen Stil zurück, der gut mit den geradlinigen Bauformen unserer Zeit harmoniert. Die Landschaftsarchitekten arbeiten für eine kleine Anzahl begüterter Privatpersonen, ihre Hauptauftraggeber sind jedoch Firmen und öffentliche Einrichtungen. Sie gestalten rechteckige und rechtwinklige formale Gärten, die die architektonische Handschrift des immer noch vorherrschenden »Internationalen Stils« tragen.

VORIGE SEITE: *Der Dachgarten des Rockefeller Center wirkt wie die Idealisierung eines herrschaftlichen englischen Gartens – mit einem offensichtlich kaum benutzten Rasen, Staudenbeeten und akkurat beschnittenen, winzigen Buchsbaumhecken.*

DACHGARTEN, ROCKEFELLER CENTER, NEW YORK CITY, USA. Manche Einwohner New Yorks fanden es beruhigend, als die Rockefellers während der Rezession beschlossen, ein Bürohaus zu errichten. Es liegt mitten in Manhattan, gegenüber der St. Patricks-Kathedrale. Der Dachgarten, fünf Etagen über der Fifth Avenue, ist eine Insel der Ruhe mitten im hektischen Gewimmel der Millionenstadt.

Es muss schön sein – wenn auch etwas unwirklich – aus dem Bürofenster auf den Dachgarten und die Türme der St.Patricks-Kathedrale zu blicken. Nur die Wolkenkratzer aus Stahl und Glas im Hintergrund verraten die wahre Lage dieses großartigen und zugleich schrulligen Gartens.

HERRENHAUSEN, HANNOVER, DEUTSCHLAND. Dieser herrliche Barockgarten gehörte einmal den Kurfürsten von Hannover. Er wurde als Sommerresidenz für Sophie, Ehefrau von Fürst Ernst August, angelegt. Der Garten stellt eine enge Verbindung zum englischen Königshaus her, denn Sophie war die Mutter Georgs I., der sich anfangs per Dolmetscher mit seinem Volk verständigte.

Aus dem Wasserbecken in der Mitte eines großen, sternförmigen Gartenraums schießt eine Fontäne beeindruckende 78 m in die Höhe. Ringsum liegen kleinere, kunstvoll bepflanzte Beete mit Wasserbecken, Springbrunnen und Statuen. Das vielleicht faszinierendste Element ist das grüne, trapezförmige Theater mit lebensgroßen, blattvergoldeten allegorischen Statuen.

UNTEN: *Die Herrenhäuser Gärten werden an drei Seiten von einem Kanal begrenzt. Große Parterres mit hohen Buchenhecken liegen rechts und links eines zentralen Weges. Sie werden durch Hecken in weitere Räume gegliedert, von denen jeder nach einem anderen Pflanzplan angelegt ist.*

CHENONCEAUX, INDRE-ET-LOIRE, FRANKREICH. Als Henri II. im Alter von 48 Jahren den französischen Thron bestieg, war seine Geliebte Diane de Poitiers bereits 67 Jahre alt. Er machte ihr Chenonceaux zum Geschenk. 1555 ließ sie die massiven Terrassen bauen, die den Garten umschließen. Dann gab sie ihren Gärtnern den Auftrag, aus den Wäldern der Umgebung genug Veilchen und wilde Erdbeeren zu beschaffen, um eine Fläche von 2800 m^2 zu bedecken. Den Garten selbst ließ sie in rechteckige Beete aufteilen, bepflanzt mit Blumen, Gemüse und Obstbäumen. Lilien und Rosen waren ihre Lieblingsblumen.

UNTEN: *Die hochstämmigen Rosen, die Diane de Poitiers so liebte, sind im Garten von Chenonceaux inzwischen durch rosa und weißen Hibiskus ersetzt worden.*

Château de Freyr, Waulsort, Belgien. Das Schloss liegt am Ufer des Flusses Meuse. Die Hauptachse des 7 ha großen Gartens im französischen Stil führt auf einen Kanal. Vor dem Schloss liegt ein großes Parterre mit spiegelnden Wasserbecken, daran anschließend ein weiteres Bassin, im Carré von hohen, gestutzen Linden umgeben – Überbleibsel einer Anlage aus dem 16. Jahrhundert. Weitere Wasserbassins werden von Kübeln mit Orangenbäumchen eingerahmt, die angeblich 300 Jahre alt sein sollen.

UNTEN: *Der Garten des Château de Freyr ist vollkommen symmetrisch angelegt. Seine Mittelachse ist 2 km lang.*

CHÂTEAU DE VILLANDRY, TOURS, FRANKREICH. Durch seine Heirat mit einer amerikanischen Erbin wurde es Dr. Joachim Carvallo möglich, zwischen 1906 und 1924 die aus dem 18. Jahrhundert stammenden Gärten von Villandry restaurieren zu lassen. Als Vorlage für den formalen Gemüsegarten dienten Stiche von Jacques Androuet du Cerceau, der 1576–1579 das zweibändige Werk *Les plus excellents bâtiments de France* verfasste.

Der Ziergarten wurde von dem spanischen Gelehrten Lozano angelegt. Vier von Buchsbaumhecken begrenzte Bereiche symbolisieren die Liebe. Die allegorischen Symbole wurden zu komplizierten Mustern arrangiert. Herzen, Flammen, Masken, Schmetterlinge, Fächer, Schwerter und Dolche sind aus Buchsbaum gestaltet.

ÖFFENTLICHE GÄRTEN, LISSABON, PORTUGAL. Nach einem Erdbeben und Großbrand wurde Lissabon Mitte des 18. Jahrhunderts neu aufgebaut. Der riesige Park mit seinen Formschnitthecken ist ein Beispiel für das damals bevorzugte, formale Städtebaukonzept. Als Anregung dienten die Parterres von Le Nôtre in Versailles, aber auch die Liebe der Portugiesen zur Symmetrie prägte die Gestaltung.

Der Garten ist ein Denkmal des damaligen Wohlstandes der Stadt Lissabon und des Königreiches Portugal. Er entstand jedoch zu einer Zeit, als der internationale Status und die Macht Portugals zu bröckeln begann.

RECHTS: *Für die weitläufigen Formschnittanlagen in Lissabon sind viele Gärtner nötig. Die Hecken müssen regelmäßig geschnitten und die dekorativen Elemente sauber gestutzt werden. Außerdem sind lange Kieswege zu harken und einjährige Blumen im Wechsel der Jahreszeiten zu ersetzen.*

LINKS: *Das Foto des Küchengartens in Villandry erinnert an ein Gemälde von Mondrian, das mit Gemüse nachgestellt wurde.*

OBEN: *Das komplizierte Muster der Beete in Castelgandolfo könnte durchaus vom bestickten Ärmel eines päpstlichen Prunkgewands aus dem 16. Jahrhundert inspiriert sein.*

VILLA BARBERINI, CASTELGANDOLFO, ROM, ITALIEN. Die Gärten der päpstlichen Sommerresidenz in Castelgandolfo wurden in den Jahren 1929 bis 1933 komplett renoviert, und noch heute beeindrucken sie durch ihren außergewöhnlich gut gepflegten Zustand.

Der prächtige formale Garten schließt sich direkt an die Villa an. Das Hauptparterre mit seiner Einfassung aus messerscharf gestutzten Buchsbaumhecken ist 200 m lang. Aus dem Garten hat man einen wundervollen Blick über die Landschaft, die von Poussin und Claude Lorrain unsterblich gemacht wurde.

STUDLEY ROYAL, RIPON, YORKSHIRE, ENGLAND. Studley Royal wurde unter der Herrschaft der Königin Anne für den Schatzkanzler, Sir John Aislabie, erbaut. Als Aislabie 1720 nach dem Börsenkrach *(South Sea Bubble)* ruiniert war, zog er sich hierher zurück. In den folgenden 20 Jahren schuf er Englands schönsten Wassergarten. Nach Aislabies Tod gliederte sein Sohn die Ruinen der Fountains Abbey in das Anwesen ein.

Paul Sykes hat die Stallgebäude sorgsam restaurieren lassen. Es war eine gewaltige Aufgabe, die allein 17 Tonnen Blei für das Dach erforderte. In den frühen 1990er Jahren gab er John Sales, dem leitenden Gartendesigner des National Trust, den Auftrag, einen Garten im Stil des 18. Jahrhunderts anzulegen. Erst kürzlich wurden Formschnitt-Eiben aus Deutschland, Statuen aus Italien und große Buchsbaumkegel in riesigen Versailles-Kübeln geliefert.

UNTEN: *Aislabie beauftragte im Jahre 1728 Colen Campbell mit dem Bau des prächtigen, quadratisch angelegten Stallgebäudes.*

RECHTS: *Im Garten des West Green House findet man eine Fülle von Parterres. Schön geschnittene Buchsbaumpfeiler gliedern die niedrigen Hecken und lockern den strengen Grundriss auf.*

UNTEN: *Im Rosengarten von Kennerton Green säumen hochstämmige Teerosen das lange, gerade Wasserbassin.*

RECHTS: *Auf dem Dach der Chardonnay-Kellerei auf dem Newton-Weingut liegt ein prächtiger formaler Garten. Laut Peter Newton ist das »eine großartige Art, den Wein beim Altern kühl zu halten«.*

WEST GREEN HOUSE, HARTLEY WITNEY, HAMPSHIRE, ENGLAND. Das schöne Anwesen wurde im frühen 18. Jahrhundert erbaut. Sein zauberhafter Garten im Queen-Anne-Stil besitzt Parterres, einen Brunnenpavillon, ein grünes Theater und einen See, über den sich eine hohe Brücke schwingt. Das Anwesen gehört Marylyn Abbott, die mit viel Engagement und Fantasie Garten und Haus komplett restauriert hat. Erst kürzlich entstand ein neuer Formschnittgarten, der Alice im Wunderland gewidmet ist. Viele der Gebäude und Dekorationen sind Entwürfe von Quinlan Terry, entstanden im Auftrag des früheren Besitzers Sir Alistair McAlpine. 300 Jahre alte Steinmauern und hohe Hecken umschließen das Grundstück.

KENNERTON GREEN, MITTAGONG, AUSTRALIEN. Auch dieser Garten gehört Marylyn Abbott. Verschiedene Gartenräume, jeder zu einem bestimmten Thema, sind miteinander verbunden. Um das Haus liegt ein typisch englischer Bauerngarten, es gibt einen Rosengarten, eine Kirschenallee und prächtige Staudenbeete. Überall ranken Glyzinien – Prachtstück ist ein Glyzinien-Sonnenschirm mit 8 m Durchmesser.

NEWTON-WEINGUT, ST. HELENA, KALIFORNIEN, USA. Die bezaubernden Terassengärten am nördlichen Ende des Napa-Tals gehören Peter Newton und seiner Frau Su Hua, die ihre Anregungen aus Europa und Asien beziehen.

LITERATUR ZUM THEMA

Atkins, Robert, *Art Speak,* Abbeville Publishing Group, New York 1990

–, *Art Spoke,* Abbeville Publishing Group, New York 1993

Beardsley, John, *Gardens of Revelation,* Abbeville Publishing Group, New York 1995

Clark, Ronald, *Gärten 1999/2000. Der Reiseführer zu privaten und öffentlichen Parks und Gärten in Deutschland,* Callwey, München 1999

Clarke, Ethne/Wright, George, *English Topiary Gardens,* Weidenfeld & Nicolson Ltd., London 1988

Coleby, Nicola (Hg)., *Surreal Life,* The Royal Pavilion, Libraries & Museums, Brighton & Hove in association with Philip Wilson Publishers, London 1998

Cornwall, Martin, *The Complete Book of the Gnome. All You'll Ever Need or Want to Know,* AA Publishing, Basingstoke, Hampshire 1997

Crawford, Sharon, *Ganna Walska Lotusland.* The Garden and its Creators, Companion Press, California 1996

Elliot, Brent Dr, *Victorian Gardens,* Batsford, London 1986

Gallup, Barbara/Reich, Deborah, *The Complete Book of Topiary.* Workman Publishing Company Inc., New York 1987

Grounds, Roger, *The Plantfinder's Guide to Ornamental Grasses,* David & Charles, Newton Abbot, Devon 1998

Hadfield, Miles/Harling, Robert/Highton, Leonie, *British Gardeners – A Biographical Dictionary,* Zwemmer Ltd. in association with The Condé Nast Publication Ltd., London 1980

Hemphill, Herbert W. jr./Weismann, Julia, *Twentieth-Century American Folk Art and Artists,* E. P. Dutton, New York 1974

House & Garden *Romantische Landschaftsgärten. Eine Gartenreise mit Charles Quest-Ritson,* BusseSeewald, Herford 1999

Hunt, John Dixon, *Garden and Grove,* J.M.Dent & Sons Ltd., London 1986

Jarman, Derek, *Derek Jarmans Garten,* Volk & Welt, Berlin 1998

Jones, Barbara, *Follies and Grottos,* Constable & Co.Ltd., London 1979

Lablaude, Pierre-André, *Die Gärten von Versailles,* Wernersche Verlagsgesellschaft, Worms 1995

Laird, Mark, *Der formale Garten. Architektonische Landschaftskunst aus fünf Jahrhunderten,* Deutsche Verlags-Anstalt, Stuttgart1994

Lord, Tony, *Sissinghurst. Einer der schönsten Gärten Englands,* DuMont, Köln 1996

Lycett Green, Candida/ Lawson, Andrew, *Brilliant Gardens,* Chatto & Windus, London 1989

Maidment, Barbara, *The Enchanted Forest and Groombridge Place Gardens* (Führer), Blenheim Asset Management Ltd. 1997

Maizels, John, *Raw Creation Outsider Art and beyond,* Phaidon Press Ltd., London 1996

Marchesseau, Daniel, *The Lalannes,* Flammarion, Paris 1998

Mazzanti, Anna (Hg), *Niki de Saint-Phalle – The Tarot Garden,* Edizioni Charta, Mailand 1977

Mosser, Monique/Teyssot, Georges, *Gartenkunst des Abendlandes,* Deutsche Verlags-Anstalt, Stuttgart 1993

Mott, George/Sample Aall, Sally, *Follies and Pleasure Pavilions,* Pavilion Books in association with The National Trust, London 1989

Niedermeier, Michael, *Erotik in der Gartenkunst,* Edition Leipzig, Leipzig 1995

Owen, Jane, *Excentric Gardens,* Pavilion Books Ltd., London 1990

Penn, Helen, *Englische Gärtnerinnen,* DuMont, Köln 1996

Plumptree, George, *Garden Ornament,* Thames & Hudson, London 1989

Prisbey, Tressa, *Grandma Prisbey's Bottle Village,* Santa Susana, California 1979

Reames, Richard/Delbol, Barbara, *How to Grow a Chair, The Art of Tree Trunk Topiary,* Arborsmith Studios, USA 1993

Rippl, Helmut (Hg), *Der Parkschöpfer Pückler-Muskau,* H. Boehlaus Nachf., Weimar 1995

Schuyt, Christopher/Elffers, Joost, *Fantastic Architecture,* Thames & Hudson Ltd., London 1980

Strong, Roy/Trevelyan Oman, Julia, *A Celebration of Gardens,* Harper Collins, London 1991

Wampler, Jan, *All Their Own People and the Places They Built,* John Wiley & Sons, New York 1977

Weilacher, Udo, *Zwischen Landschaftsarchitektur und Land Art,* Birkhäuser, Biel 1999

Weltbild Wörlitz: *Entwurf einer Kulturlandschaft.* Katalog, Hatje Ostfildern 1997

Yinger, Barry R., *The Development of Koten engei,* Diss., USA 1983

Yourcenar, Marguerite, *Chenonceaux. Das Schloß der Frauen,* Hanser, München 1993

Register

Die Gärten sind auch unter dem jeweiligen Land aufgeführt.

E

F

G

H

I

J

K

DANKSAGUNG

Wir möchten allen Personen danken, die bei der Entstehung dieses Buches geholfen haben:

Marylyn Abbott, Helena Attlee, Elizabeth Braimbridge, Michael Bonfante, Sathaporn Bongkotrana (Rose), Director of Marketing Communications, Hilton International, Bangkok, Kevin Carr, Carlos Caster, Molly Chappellet, Alfred Cochrane, Mary und John Cooper, Topher Delaney, Anne Dewey, Peter Docherty, Tony Duquette, Dr. Brent Elliott, Don Feld, Darlena Goetz, Mary Hayley, Ivan Hicks, Jan Hulme, Mark Jackson-Stops, Judy und Hugh Johnson, Konstantin Kirsch, Anne Manson, Research and Administration, Michael Mushak, lan R. Neale, Martina Nicolls, Simon Nicol, Technodude, Dr. Henry Oakeley, James Pierce, Mark Primack, Richard Reames, Charlie Ryrie, Seymour Rosen, Randall Scheiber, Simple, John Ferro Sims, Barbara Sinnott, Nigel Soper, Richard Carl Stange, Paul Sykes, Tim Street-Porter, Blanche und Gordon Taylor, Curtice Taylor, Tom Todd, Rob Tokar, Richard Tracy, Dominic Vlasto, Patricia White, Lorraine Wild, David Williams, Cedric Witt, Michael Dover, Susan Haynes und David Rowley von Weidenfeld & Nicolson.

BILDNACHWEIS

Autoren und Verlag haben sich bemüht, für alle verwendeten Abbildungen das Einverständnis der Copyright-Inhaber einzuholen.

Fotos: Heather Angel: Seiten 22–23, 80; Adrian Baker: Seite 67; Eric Boman: 146–147; Elizabeth Braimbridge: 21 (oben); The Bridgeman Art Library: 28 (oben); Collections: 35 (George Wright); Country Life Picture Library: 61 (Clive Borsnell), 140; David Charles: 76 (oben, Neil Campbell-Sharp); Topher Delaney: 110, 127; ET Archive: 52, 126, 135; Fondation Dubuffet: 152–153 (alle) ; Ganna Walska Lotusland Foundation: 72–73, 79; Garden Matters and Wildlife Matters Photographic Library: 32–33, 54–55 (Ken Gibson); 111 (beide); The Garden Picture Library: 138, 139 (John Glover); Harpur Garden Library: 18, 43, 51,109, 133 135; Christopher Hill Photographic Library: 94; The Hutchinson Library: 30–31 (Mike Csaky); 100, 102 (Nigel Sitwell); Images Colour Library: 34, 176–177, 174–175, 178–179, 180; Images of India Picture Agency:158–159, 160–161; Mark Jackson-Stops: 46; JFS Library: 49, 92–93, 182; Robert Glenn Ketchum: 78; Konstantin Kirsch: 3, 44, 45; Lamport Hall Trust: 93; Andrew Lawson: 47, 48, 56, 57, 58, 63, 64, 65, 68–69, 95, 98, 99, 108, 136, 137 (oben und unten); London Aerial Pictures Library: 170; Norman Y. Lono: 112; Marianne Majerus: 88, 89; Karen T. Massaro: 39; S. & O. Matthews Photography: 24, 26–27; Tony Morrison, South American Pictures: 9, 10 11, 16; New York Film Works: 14–15, 32, 87; Henrv Oakeley: 17, 21 (unten), 74 (beide); Chris Parsons: 154–155, 156–157 (alle); Clay Perry: 107; James Pierce: 162, 164–165; Photobank: 67 (Adrian Baker); Randall Lee Schieber: 6–7, 28, 29 (beide); Jim Reynolds: 38, 40 (links); Seymour Rosen: 166–167; 168, 169; Dr. Chip Rosenblum: 114–115; Simple, The Roving Garden Artist: 36 (beide) 37; Skyscan: 53; Slide File: 54; Stapeley Water Gardens: 76–77 (unten); Steve Stephens: 182–183; Jessica Strang: 60, 66, 86, 101 (beide), 173, 181; Tim Street-Porter: 85, 96, 113 (oben), 117, 118, 119, 120, 121; Curtice Taylor: 13, 25, 32, 59, 70–71, 77 (oben), 82 (beide), 83 (beide), 87, 92, 122, 123 (beide), 124–125; Gordon Taylor: 41 (unten), 113 (unten), 163; Dick Tracy: 185; Dominic Vlasto: 171; Deidi von Schaewen: 19 (beide), 20, 50, 102–103, 104–105, 106–107, 128, 130, 141, 142, 143, 144, 145, 148–149, 150, 151; Wyld Court Rainforest: 75 (Karl Hansen); Barry R. Yinger: 81.